像叶圣陶那样做老师系列

钱 梨 ● 著

种幸福的人
——教孩子做最好的自己

苏州大学出版社
Soochow University Press

前 言

韩愈在《师说》中写道：师者，所以传道授业解惑也。关于"道"，老子在《道德经》第一章中写着："道可道，非常道。"吴林伯先生在串讲时这样解释："我的道，真像平坦的路，是可以通行的，所以就不是寻常的道。"

什么是"师道"？大概也是像一条平坦的路，可以让每一个学生通行。这个道，对于教师而言，是能够顺应学生发展的规律，用正确的方式辅助学生受到教化，无论是才能高的还是才能低的，都能够有自己合适的位置。

苏东坡称韩愈"匹夫而为百世师，一言而为天下法"，赞美他"文起八代之衰，而道济天下之溺"，称颂他教化世人的功德"始潮人未知学，公命进士赵德为之师，自是，潮之士皆笃于文行，延及齐民，至于今号称易治"。

李长之先生评论韩愈："古文家之古，是以孔子为理想，但真正做到的太少，但韩愈却已是具体而微的。"李长之先生认为韩愈对儒学怀有宗教的情感，韩愈本人则称自己"信道笃自知明"。

"信道笃而自知明"，出自韩愈的《伯夷颂》，是对孔孟"成仁取义"的进一步解说。成仁取义是为人称颂的壮举，但如若像伯夷叔齐一样"举世非之，力行而不惑"，则需要更大的勇气。那种坚定不移的信念，就是韩愈所言信道"笃"自知"明"了。如果说孔孟的"成仁取义"尚只停留于理论，韩愈则是用自己的生命践行"道"，所以他才会发出"颜回有圣者为之依归，而又有箪食瓢饮足以不死，其不忧而乐，岂不易哉"的感慨。

韩愈拒绝"独善其身"，认为有识之士背负着经世济人的重责，没有理由和借口可以隐居山林，过逍遥自在的生活。25岁那年，韩愈写下著名的《诤臣论》，他豪气干云地写道："不敢独善其身，而必以兼济天下也。"

孜孜矻矻,死而后已……夫天授人以贤圣才能,岂使自有余而已,诚欲以补其不足者也……"

韩愈三进国子监做博士,他在教书育人方面始终秉持"大道",以读书人特有的大胸怀、大视野激励启发着学子。他的这种态度,甚至穿越时空,成为历代"师者"追求的最高目标。

遗憾的是,在今天,有那么一些老师,他们放弃了师道专攻学术,满足于灌输学科知识,执着于获取更多的分数,不谈素质,只求应试。老师只重教而不重师道必然导致学生不能安其学,不能亲其师,教学相离。读书人的尊贵正渐渐被人遗忘。作为老师,我们都有责任将读书人的尊贵重新找回,并展现给学生,使之心生向往。

徐特立同志在《各科教学法讲座》中曾说:"教师有两种人格,一种是'经师'(因为中国过去教经书中的知识的称经师,现在是教科学知识,为了容易记,所以仍袭用这个名称),一种是人师,人师就是教行为,就是怎样做人的问题。经师是教学问的,就是说,除了教学问以外,学生的品质、学生的作风、学生的生活、学生的习惯,他是不管的,人师则是这些东西他都管。"

我的尊敬的前辈校友,著名的教育家叶圣陶先生在《如果我当教师》中这样写道:"我认为自己是与学生同样的人,我所过的是与学生同样的生活;凡希望学生去实践的,我自己一定实践;凡劝诫学生不要做的,我自己一定不做。"

什么是师道尊严?

窃以为:能够在圣人先哲的学术中发现适用于今日的普世价值观,能够身体力行地贯彻这种普世价值,引导莘莘学子学以致用,成就大功业。如范文正公所言:道大才大,才大功大!这才是真正的师道!

师有"道"方能传道。

从业教书多年,不敢稍加懈怠,有人曾说,语文是塑造人灵魂的学科。我深以为然。我散落各处的小文章、微观点,这次有机会集集成册,内心惶恐又感动。惶恐的是,才浅学疏,恐白费纸张。感动的是,学校领导、同仁如此地信任与支持我!他们对于我的肯定,应是基于我们都有一颗热爱孩子、热爱教育的朴实的心。他们对于我文章的认同，实则就是对爱的教育的认同！何其有幸，与你们同行！

衷心感谢所有促成此书出版的人！尤其是要感谢项春雷校长和蒋玉红校长，如果没有他们的提议和帮助，我的文章还是散落在各个角落的蒲公英的小小种子。还有黄华蓉老师，我的忘年交老友；编辑闲云、张文燕；我的朋友们、同事们和每一个热爱教育、热爱生活的人。愿我们所弘扬的爱的教育，终能成为每个孩子的福音。愿每一个孩子走进校园的时候，脸上都挂着灿灿的笑；走出校园的时候，都满载着骄傲与满足！

钱 梨

2013 年 9 月 8 日

序 言

著名教育家、草桥中学校友叶圣陶先生在《如果我当教师》一文中深情地写道:"我如果当中学教师,决不将我的行业叫做'教书',犹如我决不将学生入学校的事情叫做'读书'一个样……若有人问我干什么,我的回答将是'帮助学生得到做人做事的经验';我决不说'教书'。我不想把'忠''孝''仁''爱'等等抽象德目向学生的头脑里死灌……忠于国家、忠于朋友、忠于自己的人,他只是顺着习惯之自然,存于内心,发于外面,无不恰如分寸;他决不想到德目中有个'忠'字,才这样存心,这样表现。"

钱梨老师是我们草桥中学的一名普通老师,和每一位草桥老师一样,正努力成为像叶圣陶那样的老师。她注重学生知能的发展,在教学中不断探索与总结,将教育心得变成一篇篇启发人心的文章,多年来持续发表在《城市商报》的"爱·成长"板块,受到教师和家长的欢迎。

受过她教导的学生这样写她:

她给我的感觉,一直以来,都是为人正直,善良温和,从来不会过分责骂某个人。她说的话,需要我们好好去感受,去体悟,去琢磨。有时,她的教导,反而比严厉老师的说教更深入我们内心。

没有亲自聆听她讲课的学生这样写她:

想不到我们学校有这样的大儒。不能师事之,可惜啊!语文真是太重要了,人的灵魂就是一篇课文一篇课文这么雕塑出来的。

看过她教育随笔的网友这样写她:

作为迷途孩子的我,如果碰到好老师,或许就不会过早地辍学了,好老师改变一个孩子的命运。

重要的是思想上的升华,如果像这样的老师多一点的话,那么教育的力量将会更加巨大，凸显出它最原本的意义。

对教育理解深透，充满爱与善，这才是真正的教育力量。

《城市商报》"爱·成长"的编辑闲云这样写她：

想起一位很有才的教师朋友写的很多教育随笔，感觉她就是在一直游刃有余地进行着她的教育。因为她心思单纯，所有的目标只有一个，孩子喜欢上她的课，通过她的课能学到东西，她就心满意足了。其实，这也不正是教育的本质吗？

从钱梨老师的文字里，我们看到了一个真实而富有教育智慧的语文老师。读她的文章，可以感受到她对学生的爱，对教育的爱，对生活的爱。而这种爱正是我们的草桥精神：爱每一个孩子，让每一个孩子都能健康成长。如何爱？如何正确地爱？在钱梨老师的一篇篇文章里，我们可以看到她读书、实践、思考、积累的工作轨迹。这不正是许多成功的教育工作者的普遍特点吗？如果我们的老师都能成为师德高尚而富有智慧的老师，我们的教育质量和教育境界一定会在原有的基础上得到进一步的提升。

我十分高兴为该书写序。我向教育工作者和家长推荐这本书，是希望与作者共同分享她的教育智慧，与作者一起成长。同时也期待，中国的教育成为家长认同、学生喜欢、教师热爱的真教育。钱梨老师用质朴的文字记录与学校相关的点滴，似乎也证明了，从我做起，教育梦也能成真！

项春雷

2013 年 9 月 28 日

目 录

第一辑　课堂点滴

第 一 篇　孩子,你为什么读书　/ 3
第 二 篇　"比"不出幸福　/ 6
第 三 篇　曲径通幽　/ 8
第 四 篇　智慧的"麦克"　/ 9
第 五 篇　教育之独立自由的意志　/ 11
第 六 篇　不离不弃的伟大亲情　/ 13
第 七 篇　给孩子感恩的机会　/ 15
第 八 篇　读书人是尊贵的　/ 17
第 九 篇　一袋金沙　/ 18
第 十 篇　吾爱吾师,但吾更爱真理　/ 20
第 十一 篇　比美还要美的生活　/ 22
第 十二 篇　苏东坡之无不好人　/ 24
第 十三 篇　男生女生　/ 26
第 十四 篇　美丽的心灵花园　/ 28
第 十五 篇　我知道了　/ 30
第 十六 篇　异性交往　/ 32
第 十七 篇　大智若愚　/ 33
第 十八 篇　世俗雕刻而成的美　/ 36
第 十九 篇　简单的幸福　/ 38
第 二十 篇　在最平常的日子里感知幸福　/ 40
第二十一篇　找到最美好的方式接受　/ 42

第二十二篇　义利之辨　/44

第二十三篇　求"好"则不得"好"　/46

第二十四篇　安乐生活　/48

第二辑　生活点滴

第 一 篇　上进的志气　/53

第 二 篇　自救　/55

第 三 篇　看不见太阳的孩子　/56

第 四 篇　谁会拒绝更多的快乐呢　/58

第 五 篇　尽信书不如无书　/60

第 六 篇　可怜的孩子　/62

第 七 篇　学习语文的"道道"　/64

第 八 篇　真相　/66

第 九 篇　"知道"的两个层次　/68

第 十 篇　不要随便考验孩子　/70

第十一篇　鬼精的小石头　/71

第十二篇　打开心门的钥匙　/73

第十三篇　驯服　/74

第十四篇　女孩蜕变记　/76

第十五篇　每个孩子都有开窍的日子　/78

第十六篇　走自己的路　/80

第十七篇　怎一个"打"字了得　/81

第十八篇　"雕刻"自己的孩子　/83

第十九篇　学会爱，才会幸福　/85

第二十篇　分数怎能高于一切　/86

第二十一篇　别让弃儿再增加　/88

第二十二篇　培养具有独立人格的"人"　/90

第二十三篇　每个人都是成功者　/92

第二十四篇　面对不堪重负的分数　/93

第二十五篇　我不知道我是谁　/95

第二十六篇　快乐无罪　/ 97
第二十七篇　学生喜欢的不一定是好老师　/ 99
第二十八篇　那些上不得台面的想法　/ 101
第二十九篇　味道要自己品尝　/ 103
第三十篇　助力器　/ 105

第三辑　智慧点滴

第　一　篇　非此即彼的悲剧　/ 109
第　二　篇　谁给你羞辱他的权利　/ 110
第　三　篇　读书人的大视野和大胸怀　/ 112
第　四　篇　做个真实的人　/ 114
第　五　篇　妈妈的宝贝　/ 116
第　六　篇　你是这个世界上最可爱的孩子　/ 117
第　七　篇　无忧秘笈　/ 119
第　八　篇　爱不是糖果和板子　/ 121
第　九　篇　谁更聪明　/ 123
第　十　篇　换礼物的分数　/ 124
第十一篇　爱要大声说出口　/ 126
第十二篇　爱上孩子成长的每一个阶段　/ 128
第十三篇　有尊严的人　/ 130
第十四篇　你要做个好人吗　/ 132
第十五篇　爸爸,请你爱我多一点　/ 133
第十六篇　成为你自己　/ 135
第十七篇　有多少爱可以让我们满足　/ 136
第十八篇　母亲　/ 138
第十九篇　不要怕,过来跟他讲　/ 140
第二十篇　让孩子的学习少一点功利心　/ 142
第二十一篇　祥子的悲剧　/ 147
第二十二篇　习惯孤独　/ 149
第二十三篇　一次温柔的触摸　/ 150

第二十四篇　是什么磨去了我们的耐性　／152

第二十五篇　渴望像加菲猫一样幸福　／154

第二十六篇　心灵家园的守护者　／157

第二十七篇　笨鸟先飞　／158

第二十八篇　一张孤独的沙发　／160

第二十九篇　STOP！这不是玩笑　／162

第 三 十 篇　痛苦与厌倦　／164

第三十一篇　庄子理解的幸福　／165

第三十二篇　形式惹的祸　／167

第三十三篇　最美的心才能看见最美的世界　／168

第三十四篇　小鸟与牛屎堆　／170

第三十五篇　像刀剑一样的眼睛　／171

第三十六篇　也不是很开心　／173

第三十七篇　拥有意味着责任　／175

第四辑　教育童话

第 一 篇　流泪的花仙子　／179

第 二 篇　蛇的罪恶　／180

第 三 篇　比利的学校生活　／182

第 四 篇　比利的两个老师　／184

第 五 篇　同学海伦　／186

第 六 篇　漂亮的玻璃盒子　／188

第 七 篇　比利哭了　／189

第 八 篇　自由贸易市场　／191

第 九 篇　比利的梦　／194

后记　／202

第一辑

课堂点滴

我如果当中学教师，决不将我的行业叫做"教书"，犹如我决不将学生入学校的事情叫做"读书"一个样。书中积蓄着古人和今人的经验，固然是学生所需要的；但是就学生方面说，重要的在于消化那些经验成为自身的经验，说成"读书"，便把这个意思抹杀了，好像入学校只须做一些书本上的功夫。因此，说成"教书"，也便把我当教师的意义抹杀了，好像我与从前书房里的老先生并没有什么分别。我与从前书房里的老先生其实是大有分别的：他们只须教学生把书读通，能够去应考试，取功名，此外没有他们的事儿；而我呢，却要使学生能做人，能做事，成为健全的公民。这里我不敢用一个"教"字。因为用了"教"字，便表示我有这么一套本领，双手授与学生的意思；而我的做人做事的本领，能够说已经完整无缺了吗？我能够肯定地说我就是一个标准的健全的公民吗？我比学生，不过年纪长一点儿，经验多一点儿罢了。他们要得到他们所需要的经验，我就凭年纪长一点儿、经验多一点儿的份儿，指示给他们一些方法，提供给他们一些实例，以免他们在迷茫之中摸索，或是走了许多冤枉道路才达到目的——不过如此而已。所以，若有人问我干什么，我的回答将是"帮助学生得到做人做事的经验"；我决不说"教书"。

——叶圣陶《如果我当教师》

孩子们,即使我们微小如朝露,却已经让这个世界因你而美好了。但如果你想成为更伟大的人物,"慨然有志于天下",那么,你可能需要更多的知识和更多的才能,你需要付出时间和心力。

孩子,你为什么读书

开学了,老生常谈地问学生:"孩子们,你们为什么读书啊?"

F 站起来,忸怩着说:"精忠报国。"

大家都笑了。我问:"你怎么理解'忠'呢?"

F 左顾右盼,期待着空中响起一个可以用的答案。可惜,大家都埋下头,屏息静声。

F 只好摇摇头。

我看看他们,没人想回答这个问题。因为这个答案是用来应付老师的,大家都明白。可是,我不想应付他们。所以,我很认真地说:"精忠报国总是和岳飞联系在一起。F 虽然不十分理解它的意思,但是,他能够对精忠报国的行为心生向往,也是很棒的事。'忠'在这里可以用林则徐的一句话来注解:苟利国家生死以,岂因祸福避趋之! 这是对祖国对人民的最赤诚的爱。"

他们的头埋得更低了,我知道,这些话,对他们而言是大道理,是用来讲讲的。它们入耳但不能进心。

我适可而止,请 Y 同学继续回答。

Y 声音小小地说:"为了找个好工作。"看得出,他说的是实话,但他自己也觉得境界不高,所以声音压得低低的。

大家却都抬起头,看着我,我知道,他们中的多数赞同这个答案。

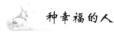

X的眼睛里有光在闪,我及时捕捉到,便请他起来说说。

X给了我一个惊喜。他说:"为了让父母安心!为了将来能做自己喜欢的事!"

我按捺住内心的激动,走到他的身边,问:"能再具体点吗?"

他有点害羞地看看我,说:"就是不要让父母为我操心。"

"那你觉得将来要做自己喜欢的事需要什么条件呢?"

几个孩子在下面小声喊:"钱!钱!"

他不为所动,淡定地说:"知识!能力!有知识有能力还愁没钱?"他呵呵地笑了。

我简直要为他鼓掌了,因为他是在用自己的语言讲自己的话,他不是在说给别人听,他是在为自己说话。而且,他讲得多好啊!

这次大家没有低头躲避我的目光,这话,他们是听进心里去了。

我说:"《论语》中有一篇是孟武伯问孝,子曰:父母唯其疾之忧。孔子认为,不让父母担忧就是最大的孝顺。X和孔子的想法是不约而同啊!他真是个孝顺的好孩子。至于长大做自己喜欢的事,听着就很令人高兴啊。长大了找个好工作,也是好的,但听起来为什么少了点幸福的味道呢?"

"好工作也许不是自己喜欢的呢?"M说。

"好工作就是赚钱多,人轻松呗,也是不错的吧。"H说。

"不过能做自己喜欢的事,多好啊!"L一脸神往。

"是啊,孩子们,你们说得都不错。能不能做自己喜欢的事取决于我们能力的大小。不过关于为什么读书,很久以前,宋朝的范仲淹曾经说:'道大则才大,才大则功大。'大概意思是说,一个人通过学习,建立崇高的理想,拥有坚定的信念,就会有志于学,一旦学有所成,就能建功立业!"

"老师,难道我们读书就是为了建功立业吗?可是,课文里不是一直说不要追名逐利,要淡泊名利吗?"

"就是就是。"Q的话得到了大家鸡啄米似的点头。

我微笑着等待大家安静下来,慢慢地说:"我们谴责的是那种为了满足私欲不择手段追求名利的行为。但,名和利本身并不是坏事。宋朝有个叫李觏的大文学家就曾经提出过'功利学说',认为读书人有责任经邦

济世,要做到这一点,就必须有功名。所以读书人追逐功名是本分。"

"啊?老师,那为什么又说淡泊名利啊!"

"哦,这是为了突出'仁义道德'啊,安贫乐道、重义轻利的思想慢慢成为主流的价值观,所以,功利学说就慢慢被人遗忘了。"

"那读书人到底要不要追求功名啊?"学生困惑不已。

"宋朝的程颐曾经说,读书人要不得的两种错误思想是:一,考功名是为了满足私欲。二,自顾自过逍遥自在的生活。唐朝的韩愈也说过类似的话,他认为读书人应当有'忧以天下'的责任和担当。否则,天下那么多赚钱的行当,你何必辛苦读书呢?"

"是的呀。我妈妈也说,现在大学生还当挑粪工呢!"

"可不?拼什么都不如拼爹。"

……

孩子们七嘴八舌议论时事。

"是啊,如果只是为了找工作,为了赚钱,确实没有必要埋头于学问之中孜孜不倦了,只要学习到赚钱需要的本领就可以了。因此,文凭其实不能代表学问,金钱也不能证明学问。一心向学的人,通常都有'忧以天下'的使命感,他们认为活着的意义就是为了让这个世界更加美好,让所有人都能幸福生活。这个目标是如此高远,所以他们竭尽所能地学习知识,提高能力,希望能够实现这个美丽的理想。"

"真有这样的人吗?"

"有啊。像孔子啊,韩愈啊,范仲淹啊,苏东坡啊,欧阳修等等,好多好多呢。他们的存在让这个世界变得更美好了,而且他们的影响力从来不会因为他们生命的终结而结束,人们提起他们的名字,内心充满了尊敬与温暖。这大概就是所谓的永恒吧!"

"哇!"小伙伴们惊叹了。

"这大概也是文明存在的根本原因吧。私欲的存在并不尽是不好的,但是人类的发展需要跳脱个人的狭隘,在个人幸福和社会美好之间找到平衡,达到和谐共处的终极目标。幸福其实很简单,就是我们对着小伙伴露出真诚微笑时的感受。记住这种感觉,孩子们,即使我们微小如朝露,却已经让这个世界因你而美好了。但如果你想成为更伟大的人物,'慨然有志于天下',那么,你可能需要更多的知识和更多的才能,你需要付出时间和心力。相信我,这很值得,因为你获得的是无上的荣耀与尊敬。人们将永远把你的名字和美好联系在一起!"

第二篇

爱不简单,因为爱需要理解。

"比"不出幸福

人生无奈,亲人之间的爱却如冬日的暖阳,温暖着我们的人生。只不过,一些不恰当的攀比与计较犹如天空的乌云,破坏了这种幸福。

近来在学朱自清的《背影》,当讲到父亲对儿子无微不至的关爱时,有一个小女生眼眶泛泪,嘟哝着:"我爸爸到现在还不知道我在哪一个班级。"

我注意到了,于是说:"父爱的表达方式可以是多种多样的啊。"

"就是。"一个男生脱口而出,"我爸爸还打我呢。不过他还是爱我的。"

同学们都笑了。小女生也抿着嘴偷偷乐了。

小女生哭,是因为她读到了朱自清的爸爸对儿子细腻、温柔、周全、体贴的爱。相比之下,她自己的父亲似乎太不爱她了。就那么不自觉地,她在攀比。

其实,每一个父亲都有爱自己孩子的独特方式,小女生是拿人家爸爸的长处和自己爸爸的短处去比,只能伤了自己的心。

要知道,父爱是没法比较的。有的爸爸少言寡语,却会花一个星期的时间亲手给孩子做一个木头玩具。有的爸爸工作很忙,常常不能陪孩子游戏,却会在深夜回家时,站在孩子的床前饱含深情默默地看着。有的爸爸脾气暴躁,甚至会打骂孩子,却会买回孩子爱吃的蛋糕笨拙地放在桌上……这些事情,你可以不知道,但是,这份爱,你不能不懂得。如果你认同自己的独一无二,那就要接受你独一无二的父亲。他和别人不一样,把他和别人相比,那不公平。如果你爱他,你就会包容他的一切,尤其是他不那么可爱的一面。父母对待孩子,亦是如此。

但现实生活中,我们常常会对那个最爱的人生气:他有的时候真的很讨厌,只想着自己,心里都没有我。

坐地铁回家,看见一对母女在争吵,为着极简单的事:母亲累了,想去空的车厢找个座位坐下,女儿却懒得移动脚步,母亲又不愿意自己一个人去找座位。双方的脸都红着,声音压得低低的,都在尽力克制怒气。她们都在生气,觉得对方不够体谅,不够贴心,却忘了自己既不体谅,又不贴心。

她们在计较。

我想起《盐巴与砂糖的故事》:

老亚当在一个美丽的小镇上开了一家饼干店,他有两个好帮手——盐巴和砂糖。在它们的帮助下,老亚当做出了各种好吃的饼干。有一天,来了很多买甜饼干的人,结果到了晚上打烊的时候,剩了好些咸饼干。第二天,老亚当决定多做些甜饼干。第三天,老亚当做了更多的甜饼干。终于,盐巴妒忌了,生气了,把砂糖揍了一顿。

盐巴为什么生气呢?因为它计较老亚当更爱砂糖,它计较更多的人喜欢甜饼干。因为计较,它忘记了与砂糖相亲相爱的日子。因为计较,它让生活变得一团糟。

就像这对母女,只计较着对方的不体谅,却不知道先付出自己的体贴,于是都很不高兴。如果女儿能够体谅妈妈的劳累,妈妈能够体谅女儿的独立性,尽管一个人去坐着,一个人站着。皆大欢喜!

爱的付出无须分先后,尤其对至亲而言!敞开心怀去付出和接受,不攀比,不计较。简简单单,就拥有了家的幸福!

第三篇

从大自然中感受丰富博大的爱。

曲径通幽

学《苏州园林》，说起欣赏生活中的艺术，需要通过曲径通幽地体味。学生茫然地看着我，表示毫不理解。

"你们看窗外，"我说，"每一分每一秒，窗外的光影，风的速度，植物的模样都有着细微的变化。我们的上学路，春夏秋冬，阴晴雨晦，朝晖夕阴，各不相同。但是，要发现周遭世界这些微妙而美丽的变化，需要通过感官让我们的心灵和世界建立联系。这不容易，所以叫曲径通幽。通常来说，我们更容易因为身体的刺激而与世界建立关系。比如说吃到好吃的东西，我们会开心；看到有意思的电影，我们会兴奋；被人责骂和殴打，我们会生气愤怒。诸如此类，不一而足。"

"老师，曲径通幽这么麻烦，有什么好处吗？"

"经常有同学跟我抱怨，上学时盼望放假，放假了却又无聊至极。所谓的无聊，多半是因为我们觉得生活一成不变，因而觉得枯燥、乏味、无趣！而曲径通幽式的生活态度，恰巧是向我们展示了生活瞬息万变的精彩。这一刻的世界是唯一的存在，它转瞬即逝；下一刻的世界是未知的惊喜，它即将到来。它令我们对生活的每一刻都充满了感激，充满了期待。"

"哇！"学生惊叹。

"但这确实不容易做到。比如我们平时写作文，明明内心有那么多的感受，那么多的想法，却偏偏千头万绪非耗尽心力不能找到合适的语言来表达。所以，好文章如大海探珠，过程极其艰难。虽然找到珍珠的快乐无可比拟，但许多同学无法忍受曲径通幽的艰涩，最终随意捞起海面上漂浮的枯枝烂叶,凑成文字,敷衍了事,这样的过程当然既不快乐也不自足。长此以往,不但失去写作的能力,甚至也失去了欣赏的能力。生活也因此变得琐碎而乏味,无聊也就如影随形了。"

……

听宗萨蒋扬钦哲仁波切的演讲,他说:"当我们一起看着同一朵花的时候,我们所看到的是经历,是情感,是经验,所以我们看见的一定不是同一朵花。"

春日融融的日子,我多次坐在公园的长椅上,眼前是铺天盖地的白樱花。看着游人一个个、一群群、一簇簇依次而过。有人在花下站定,摆个pose,微笑留影。有人呆木地仰头看着,似已入定。有人于低桠处撷取一朵小花,嗅嗅,随手一扔,又前去了。他们眼中的白樱花也是各不相同吧。

苏东坡曾说:"求物之妙,如系风捕影,能使是物了然于心者,盖千万人而不一遇也!"愿意用心灵和世界建立联系的人,何其少也!

第四篇

爱是尊重:是对他人生存之道的尊重,是对独立个体的尊重,是对自我的尊重。

智慧的"麦克"

丁尼生的《冲锋,轻骑旅》写的是著名的巴拉克拉瓦战役,因为指挥官的错误指令,轻骑旅将要在毫无掩护的情况下冲过1500米的空旷地带,去夺取野战炮,而他们最终成为了俄军火炮和步枪的靶子。

丁尼生写道:

向前,轻骑兵

向着火炮冲锋

大错已铸成

无须多言

不疑将令

吾辈所求

壮烈而死

在电影《盲点》中,大块头麦克对轻骑兵有一段精彩论述:理解勇气真的很难,你的勇气也许是建立在愚蠢和错误之上的。你不能质疑"权威",因为是他们制定了规则,也许他们无所不知,也许他们一无所知。

巴拉克拉瓦战役中的轻骑兵被贴上了爱国的标签,他们的牺牲被认为是伟大的勇气和荣誉!然而,事实上,他们只是一群因为错误指挥而无辜牺牲的可怜人!"荣誉"让他们变成了扑灯的飞蛾!

也许你还记得保尔·柯察金,很多年了,我们还在学习他坚定的革命意志,学习他的自我牺牲精神。在书里,保尔对妻子达雅说:"我们的结合要一直延续到你成为一个真正的人,成为我这样的人。"

学生曾经就此问我:"老师,保尔是要所有人都成为保尔吗?"

"他可真自恋啊。"有人大笑着说。

我们试着探讨了保尔这个人物形象,从某种角度而言,保尔也是一个轻骑兵,他的将军就是列宁。为了布尔什维克的荣誉,保尔义无反顾,几乎摒弃了一切人性,他这样写着:忧伤以及各种热烈的、温柔的人之常情,几乎人人都有权利抒发的各种感情,唯独我必须加以控制。为了这个荣誉,保尔把生活的每一个时刻都变成了特殊时刻,把生命的每一分钟都变成了战斗:和自己脆弱的情感战斗,和周围人脆弱的生活方式战斗。

保尔是真诚的,他是真心地认为自己的生活方式才是最好的,他相信:只要每个人都这样生活,全人类就能得到解放。可是,如果人们必须通过抑制自己的感情才能获得解放,这样的解放有意义吗?

《盲点》中的麦克不是个聪明人,据说他的智商只有80分,然而他是智慧的。麦克说:人应该根据自己是什么样的人、想要成为什么样的人做出选择。

我把这理解为尊重,对他人生存之道的尊重,对他人独立个性的尊重,当然,更是对自我存在价值的尊重。人,应该有选择的权利。在与人无害的前提下,过自己的生活。

"无论是轻骑兵,还是保尔,当他们坚定地跟随规则的制定者时,实则就是放弃了'自己'选择生活的权利。但这是'保尔'的选择,而我们,仍然可以做出自己的选择!"我用这句话来回答学生提出的问题。我所希望的,是他们在学习社会性的同时,不要放弃自我!我也希望,他们不会为了错误的"荣誉"成为扑灯的飞蛾!我希望他们是智慧的"麦克"!

第五篇

爱是面对真实的世界,真实的自我。

教育之独立自由的意志

开学第一周,学习八年级(上)语文第一单元——长征专题。

为了上好这一单元,特意上网找了许多资料备用。无意中翻到崔永元做《我的长征》时的一篇访谈,觉得很有意思。记者问他:"怎么想到要做长征的节目?"小崔回答说:"因为过去极'左'的那套东西,弄得很多人现在反感这段历史,因为知道这段历史在过去的描述里,假的东西太多,所以现在大家排斥它,我觉得负责任的态度是想尽办法去搞清楚它。"

长征节目组路过宁化的时候,当地人告诉他们:"当年从这里出发的红军基本上都牺牲了。"在夹金山纪念馆,他们看到了之前不知道的一段历史:过雪山的时候,部队把一千多名伤员扔在山下了……

这些,在我们的课本里并不存在,在文字里我们看见的是:一切的困难只等闲。没东西吃?敌寇猛追?山路难走?生病?受伤?死亡?没关系,课本里的人物没有哀,没有正常人的弱点,只有革命英雄主义精神和

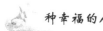

革命乐观主义精神这两大神器。攻无不克,战无不胜!

红军不畏艰难,官兵同甘苦;红军不畏牺牲,理想大于天。我相信这是真实历史的一部分,可是被选择性放大了。

就像一个人,你总讲他的优点,讲着讲着优点放到太阳那么大了,那一定就是吹牛了。这时候,人们最初的感动就会慢慢消失,取而代之的是困惑:他真有这么好?为什么现实生活中,我遇不到一个这样完美的人,书里却全是这样的人?这假的吧!

如果有一天,学生有机会看到一些被掩盖的真相,困惑就会变成愤怒,一种被欺骗和愚弄的愤怒。然后,他就会否认当初信奉的那一切。他会产生这样的疑问:如果课本是不可信的,我为什么要花费时间在虚假的知识上呢?于是,在还没有领略到知识的真正魅力时,就有人因为愤怒放弃了对知识的追求!

一旦学生对此信以为真,把拥有如此完美的人格当成评判他人和自己的标准,结局很有可能就是悲剧。自我达不到,会因此而自卑,一个不自信的人,又该如何面对漫长而艰难的人生道路呢?他人达不到,会心生抱怨,一个吹毛求疵的人,又要怎样面对并不完美的人生呢?

舜以孝出名,庄子却认为他不孝,因为他彰显了自己父母的不慈。庄子认为由于一个人的坏,衬托出另一个人的好,那是不幸的事。反过来,由于一群人的完美,衬托出普罗大众的不完美,那更是不幸的事。更何况,这群完美的人,不过是人们臆造的产物。

试图通过教育造就人格完美的中小学生是不可能的。真实的人性本就包含着自私、贪婪、懒惰、虚荣、妒忌、懦弱、痴怨、傲慢……人类的高贵正在于不懈地超越自我,追求美好。过犹不及,过分夸大人性的优点和否认人性的弱点一样有害。

最近香港的国民教育闹得沸沸扬扬,其争论的中心是学术与思想的独立。梁振英说:"教育者不要有心机。"我的理解是,教育就是教育,就应有其独立自由之意志。

第六篇

爱是勇敢地面对责任,不离不弃。

不离不弃的伟大亲情

"如果你的家里有一个像于勒一样乱花钱、寄生虫似的叔叔,你会怎样对他?"

我们在读莫泊桑的小说《我的叔叔于勒》时,我把这个问题抛给大家,反响很强烈。

有的说:"不给他钱,把他踢出去。"

有的说:"给他一些钱,让他自力更生。"

有的说:"把他关起来,饿几天。"

有的说:"把他卖掉,扔给政府。"

……

我又问:"愿意给他一次机会改过的,举手。"

齐刷刷一片,森林似的。

我继续问:"愿意给他五次以上机会的,举手!"

这回只有两三只手在那坚定地举着。下面是一片起哄声:"虚伪!"

我等他们安静,认真地说:"这是勇于承担责任与伟大的爱的表现。当然,因为这样的人太少,以至于当我们看见的时候,会怀疑他的真实性。"

"难道不是应该让于勒对自己的错误负责吗?一而再,再而三,三次而不改就放弃好了。"有学生说。

"是这样吗?"我笑了,"也许当我们自己犯错的时候,就不会希望得到亲人这样的对待了吧。"同学们都笑了。"不过我们从人之常情来看,弟弟犯了错,哥哥应该有责任帮助他改正,而不是把他赶走,让他自生自灭吧?真正的亲情,是不离不弃,自始至终相信彼此,爱护彼此啊!如果一个人做错事,连亲人都置他不顾,他还能得到谁的爱呢?这样的人,到了社会上,他是会变得更好呢,还是更坏?所以,从小处说,对犯错亲人的不离不弃是每个人的责任;从大处说,对犯错亲人的不离不弃是社会稳定的基石。"

孩子们陷入沉思中。忽然T回头对M说了句什么。M愤怒了,拿起书就向T砸去。课堂气氛骤然紧张起来,却见L站起来,笑嘻嘻地捡起书,一边轻轻地放在M桌上,一边说:"我是斯文人。"大家一下子就轻松起来,快乐的空气重新回到了教室。

我微笑着看着M,说:"你忘记了一句话。"

M立刻笑了,对着L很真诚地说道:"谢谢。"

我赞赏地看着L,也说道:"谢谢。"

然后,我对学生说:"看吧,仇恨之火很容易被点燃,但是它带给我们的是痛苦、愤怒和伤害。只有宽容与爱,才能让我们愉悦、满足。菲利普仇恨自己的弟弟,因为于勒花去了本该属于他的钱。可是,他忽略了比金钱更可贵的亲情,没有给自己的弟弟一次改过的机会。这样的冷漠,令人心寒。同样的,因为这种冷漠,他的生活也变得冷飕飕、毫无乐趣。看看小说中菲利普一家的生活,你觉得可以用幸福来形容吗?"

"不!"同学们异口同声大声响亮地回答道。

生活中,人人都想过得轻松自在,没有人希望背着沉重的包袱前行。但是,亲情的伟大之处正在于,即使包袱再大再沉重,依然不离不弃!

> **第七篇**
>
> 爱是获得,爱是付出。

给孩子感恩的机会

我布置下午作文课的要求:以"感恩"为话题写一篇作文。此话一出,一片哗然。

"老师,我不会写。"这样的叫声此起彼伏。

我吃惊地看着他们,问:"生活中没有让你感恩的人和事吗?"

"没有!"

"有也不写。多肉麻啊!"

……

各种声音都有。

我仔细打量着这群平日里看起来天真可爱的孩子,有困惑,有无奈,但更多的是悲哀。

课后,一个成绩很好的女孩找到我,问我该如何写这篇作文。

我问她:"你的父母爱你吗?"

"爱。"

"你爱你的父母吗?"

"爱。"

"那就把你们彼此关爱的细节记录下来。"

"想不起来。"

"告诉我今天早晨发生在你家的事。"

"没什么啊,妈妈叫我吃早饭。我来不及了,没吃就走了。"

"那我们就写这件事。"

"这有什么好写的啊!"她无比讶异。

我知道问题所在了,这个孩子并不以为这样的小事实际包含着妈妈对她深切的爱。尽管她在生活中源源不断地获得爱,却并不因此感到温暖与甜蜜。

"明天,早起为妈妈准备一顿早餐吧。"我微笑着说。

"为什么?"她瞪大了眼睛,言下之意是:老师,你不知道我很缺睡眠吗?

"就当是为了完成一篇好作文吧。"我鼓励地望着她,"注意观察妈妈的反应。记住,你要写的文章里有你,有妈妈。你并不清楚妈妈为你做早餐的心情和原因,要知道答案的唯一方法就是换位,就当自己是妈妈,认真体会整个过程。"

她现出沉思的样子,但是没有犹豫:"明天我给妈妈做早餐!"

我笑了。孩子们都是可爱的。只是有时候,我们的好心与浓郁的爱,糊住了他们表达爱的大门。

"宝贝,快放下,妈妈来做就可以了,你去读书好了。"这样的声音在许多人的童年里都存在过。让孩子学着把好成绩当作爱的回报吗? 我们的甜蜜与哀愁的父母亲啊! 如果说好的分数可以代表孩子更多的爱,那么,孩子是否可以理解为:愈多的金钱能够代表父母愈多的爱呢?

那个女孩,为妈妈做了一次早餐,收获了许多许多,当她噙着眼泪,把饱含深情的作文交到我手上的时候,我由衷地为她和她的母亲高兴!

苏联教育家苏霍姆林斯基在他学校的门口写着:爱你的妈妈。因为他知道,一个爱自己妈妈的人,会健康,会积极,会乐观。具备了这些品质的孩子,才能在人生中获得幸福啊! 这次关于"感恩"的写作,让我看到了孩子们在付出爱的能力上的缺失,也让我看到了家庭教育中存在的一些误区。

爱,不仅仅是获得,更是付出。一个人如果体会不到付出爱的甜蜜与快乐,他就不能真正懂得爱是什么。

爱自己,让自己变得尊贵。

读书人是尊贵的

有一天,我正在上课,两个平时关系很不错的男孩忽然发生了口角,没等我反应过来,其中一个已经拿起手里的书朝对方砸去,另一个当然不甘示弱,站起身来,一把扭住对方的衣领。我赶忙上去制止,班里几个大个子男生也赶过来将两人架开。两个人都是余怒未息,骂骂咧咧不止。

我于是在黑板上写了几个字:轻死而暴,是小人之勇也。写完后,我请大家多念几遍。大家的注意力被吸引过来,过了一会儿,有几个一边念,一边看着那两个"勇士"嗤嗤地笑了起来。两位"勇士"见有人对他们笑,也忘记骂对方了,看看黑板上的字,念了几遍,又想了想,忽然对我说:"老师,你是不是在取笑我们?"

"怎么会呢? 这句话是战国时候荀子讲的,他距离现在大概有2200多年了,他哪里会知道今天有两个小孩要打架,早早写个句子等着你们。"

学生们都笑了,那两个也不好意思地笑了。

我解释道:"荀子这句话是说,轻视生命而又暴虐,这是小人的勇敢。我想,你们都是珍爱自己生命的,可是如果不懂得控制自己的情绪,任由情绪控制自己的行为,必定会酿成大错。这和荀子所说的小人之勇又有什么分别呢? 由于生理和心理发育的不平衡,处于青春期的你们情绪变化大,看起来就像反应过度。但是,过激情绪是可以通过一些小技巧控制的,比如深呼吸,或者在心里默默数数,都是很好的办法。"这样轻轻一点拨,大家立刻心领神会,两位"勇士"也相视而笑,以示大度。

我继续说道:"荀子还写:义之所在,不倾于权,不顾其利,举国而与之不为改视,重死持义而不桡,是士君子之勇也。意思是对于道义,不能因为权势而动摇,不能因为利益而有所顾忌,即使把整个国家都给他也不改变观点。我们要珍爱生命,但是如果只有违背义才能苟活就不去屈服。这才是士君子的勇气。能够辨别是非,分清美丑,坚守真理,方能显现读书人的尊贵。希望每个同学在平时处事中,多想想读书人的尊贵,能够宽厚待人,存仁爱之心。"

第九篇

爱是珍爱唯一的生命,让欲望适度。

一袋金沙

杰克·伦敦的短篇小说《热爱生命》中,有两个主要人物:"他"和比尔。这两个带着金沙,梦想着走出荒野过上好日子的淘金者,在饥饿中各自迷路,为了生存苦苦挣扎,比尔死了,"他"则幸运地获救。

在分析比尔死去的原因时,同学们包括我一度都把目光聚焦到比尔尸骨边的那个鹿皮口袋。那里是他辛苦一年淘到的所有的金沙。

"比尔太贪财了,宁死也不把那些金子扔掉,是那袋金沙害死了他。"好些同学都这么说。

"我觉得不是。如果不是因为饥饿,不是因为迷路,不是因为狼群的威胁,就算比尔再带上三五袋金沙,他也能走出荒野,不是吗?"小 A 认真地说。

我愣住了,他讲得确实有道理。只是,比尔尸骨边的那袋金沙刺激到了大多数同学的神经,包括我的神经,如果不是小 A,我也认定是金沙害死了比尔。课后我反省,大家之所以关注那袋金沙,是因为我们知道金子的好处。金子换成金钱,金钱可以满足我们的欲望。于是,我们让那袋金沙愈变愈大,甚至于忘记了为比尔的死一掬同情之泪。

小说没有正面交代比尔在荒野中的遭遇,他只出现了三次。第一次,比尔抛下"他"独自离去。第二次,"他"看见了比尔在荒野上爬行的痕迹。第三次,"他"看见了比尔的尸骨。

在和同学的对话中,在一次次的分析探讨中,我们渐渐认同了比尔对于自己生命的珍爱。他抛弃伙伴,紧紧抓住属于自己的金沙,无非是想让自己活下去,舒服地活下去。他在求生的路上一定无数次幻想过自己要过的好日子。他的思绪矛盾而痛苦:扔掉金沙意味着整整一年的辛苦白费,意味着不会有优渥的好日子,那样活着有什么意义呢?抓住金沙,生命也许就保不住了,命都没有了,钱还有什么用呢?比尔疲惫的身心纠结于此,终于耗尽了最后一丝心力,被荒野中的狼群吞噬。

同学们哀叹着比尔的遭遇,感慨着欲望的可怕力量。对于"他",也就更多了一份尊重。在求生的道路上,"他"没有抱怨比尔抛弃自己的行为,没有因此在内心燃起仇恨的火焰,以至于消耗自己宝贵的心力。在不堪重负的时候,他坚决地抛下了那袋沉重的金沙。在生命垂危的时刻,他想起自己美丽的家园,想起家乡灿烂的阳光、娇艳的花朵。那些美丽的记忆,让他生命的火花顽强地燃烧着,直到被救!

小H感叹着说:"我终于明白为什么活着了。我们活着,就是为了和这个美丽的世界相遇啊!"

大家为他精彩的回答喝彩。孔子说:求仁而得仁。这应该是说信念在我们人生中扮演的角色。比尔死了,死在他一心要抓紧的金子旁边,那本可带给他富足生活的金沙,像荒野中的尘土,不再有价值。"他"活下来了,他谈论着母亲、家园、阳光、鲜花,热泪盈眶。

活着是如此美好,生命是这般美丽。可叹世人汲汲于名利,把大量的时间花费在无生命的物质之上。在失去健康的时候才懊恼,在失去爱人的时候才伤心,在失去家庭的时候才后悔。荀子说:"挂于患而欲谨,则无益矣。"意思是一个人在灾祸中才想到要谨慎,就毫无裨益了。

一袋金沙,折射出人的欲望。恰当的欲望激励着我们前行,过度的欲望则将我们拖入万劫不复的深渊!

第十篇

爱是真诚相待,敢于坚持真理。

吾爱吾师,但吾更爱真理

在学习《斜塔上的实验》,认识伽利略这个不仅勇于探索、勤于钻研,更能够坚持真理的伟大科学家时,我希望能够用学生可以理解的方式告诉他们什么是真理,坚持真理有怎样的意义。于是,在那一节课上,我讲了一个非常著名的故事,阿基米德与皇冠的故事。但是,我把阿基米德换成了亚里士多德。

快下课了,还是没有同学指出我的错误,于是,我说:"今天课上老师犯了一个知识性的错误,希望知道的同学能够告诉我们正确的答案。"同学们互相看着,没有一个人说话。我请他们课后回忆,明天再问他们。

到了第二天上课,还是没有人说出我犯的错误。我只好自己公布答案:那个将金冠放在装满水的缸里,判断它是否是纯金的人是阿基米德,而不是亚里士多德。

我听到有几个孩子在下面小声说:"我知道就是这个。"

我于是问道:"我们学习伽利略的故事,知道坚持真理的可贵,那么,怎样才能做到坚持真理呢?"

"要勇敢。"

"要知道正确的知识。"

"要相信自己。"

……

同学们纷纷发表了自己的看法。我表示同意,并且告诉他们,亚里士多德是柏拉图的学生,是柏拉图喜爱和欣赏的好学生,但是,他不是一个唯老师马首是瞻的老实学生。他说:"吾爱吾师,但吾更爱真理。"

我说道:"同学们说得很好,坚持真理,首先要知道什么是真理,什么是谬误。要获得这样的辨别能力,需要我们不断提高自己的认识,积累知识。其次,要有勇气,既不畏惧权威,也不顾念私情。有些同学其实知道老师犯的错,可能是因为害怕,可能是因为太喜欢老师了,不愿意让老师难堪,所以选择了沉默。但是,我希望经过今天这件事,大家都能够勇敢地做正确的事,说正确的话。如果你做到了,我会为你而骄傲。"

话音未落,下面已经炸开了锅。

"我讲真话,我爸爸会打死我。"

"老师,谁有地位谁的话就是真理。"

"我说什么都没人听,说了也没有用。"

……

我认真地等待着他们将话讲完,将牢骚发泄完,因为我知道,他们现在说的也是真话。我们并没有给孩子一个说真话的好环境,有时候,说假话比讲真话活得更轻松,更安逸。

等他们安静下来,我很认真、很缓慢地说道:"所以,我们已经知道,坚持真理是多么不容易,有时候,它需要我们付出巨大的代价。伽利略不就曾经被人们看不起,视为疯子吗?面对真理,有人选择了放弃,有人选择了坚持。你们也可以做出自己的选择。其实,这个世界并不是由绝对的正确和绝对的错误构成的,学习坚持真理,不过是学习一种人生态度,做自己认为对的事,而不是做别人认为好的事。老师希望你们通过自己的能力,学习分辨是非黑白,努力做正确的事,做让自己和他人都快乐的事。"

第十一篇

爱是在平凡的生活中找到诗意。

比美还要美的生活

今天是写作文的日子,评讲完上周的作文,我照例把下午要写的作文题大大地写在黑板上:我的"诗意"生活。

中午时候,课代表来找我说:"老师,你不觉得现在的学生都很现实吗?"

我看着他略显担忧的神情,笑了:"是啊。因此,我们才要找回诗意啊。"

下午解题的时候,我向同学们介绍了陶渊明(七年级下册的语文书上有陶渊明的《归园田居》):这个在最冷酷的现实生活中过着最诗意生活的晋朝男人;这个家无储粟只好亲自务农养活家人的失业男人;这个尽管"晨兴理荒秽,带月荷锄归",结果却只是"草盛豆苗稀"的失败农民;这个等到"农人告余以春及"才"或命巾车,或棹孤舟"的男人;这个眼睛里看不到地里的庄稼,满目"木欣欣以向荣,泉涓涓而始流"的浪漫男人。

读了一辈子的书,写了一辈子的诗文,空有满腹锦绣,却沦为一个不及格的农民。这样的人生,足够凄凉,足以令当事者怨天尤人了吧,甚至你堕落了,人家也会觉得合乎情理,叹息说:"好人啊,可惜不好命。苍天弄人!"但偏偏就是这个贫穷、辛劳、没好命的陶渊明,将自己的人生谱写出满溢的诗情画意,让人羡慕,让人心生向往。他以自己的困难为沃土,开出了世界上最美丽最芬芳的花朵。而这一切,都源于他那颗热爱生活的心。

草是美的,豆苗也是美的,灌木上的露珠是美的,有着月亮的夜晚是美的……一切的一切都是那么美,粗茶淡饭也是甜的,布衣草鞋也是好的,就算偶尔饿着肚子,因为自由地享受着风、享受着季节,也是心甘哪。人的生命有限,何不把眼光放在那些美丽的事物之上,尽情地享受生命的快乐与美好呢?

Y 同学问我:"老师,我可以写玩电脑吗?我要么在读书,要么在玩电脑。"

Z 同学说:"老师,我真的不知道什么是诗意的生活。"

X 同学大声说:"老师,诗意生活是不是比美还要美的生活?"

我笑了:"说得好!X 同学。诗意生活就是比美还要美的生活。"

同学们都沉思起来,努力地想象着比美还要美的生活。教室里一片寂静。

我看着他们,是的,现实生活是繁琐而单调的,而我们就是要将这布满生活残渍的画布变得富有诗意。

记起之前一件轰动全国的新闻:十堰郧县的王小林,生于 1970 年,曾是村里第一个大学生。据老师的回忆,王小林小时候很聪明,竞赛得奖,年年三好生。师专毕业后,又努力考上了师范学院,毕业后分配到一所中专学校当老师。

王小林的简历至此是漂亮的。然而,接下来发生的一切,令人瞠目结舌。由于不满领导的安排,王小林辞职了。从此以后,王小林就成了个彻底的寄生虫,在物质丰富如斯的今天,2012 年 3 月,他被发现饿死于家中。

王小林没有找到属于他的"诗意"生活,他的人生画布上留下的只有生存的污渍。我不希望我的学生们长大后,过着没有诗意的生活。所以尽管他们对"诗意"尚懵懂,但我坚持不改标题,我想,哪怕是刻意的编造,幼稚的幻想,不成熟的表达,都可以。至少我们已经在寻找诗意,在寻找一种比美还要美的生活。

> **第十二篇**
> 爱是用宽厚的心对待这个世界。

苏东坡之无不好人

那天上午讲苏东坡,下午的时候,A 走进办公室,对我说:"老师,刚才小 C 上课时骂我'脑子有问题',我没有和他对骂,因为今天我学了苏东坡。"

多可爱的孩子啊!他这么说是因为我们上午在课上简单探讨了苏东坡眼中的"好人"和"坏人"。事情由我说的一个小故事开始。某天,苏东坡和佛印去游一座寺院,看见佛桌上有一本祷告用的佛经,里面有这样一句祷告文:"咒咀诸毒药,愿借观音力,存心害人者,自己遭毒毙。"苏东坡认为荒唐,就将后两句改成:害人与对方,两家都无事。

学生不懂,问我:"坏人不就是应该得到惩罚吗?"

我一时竟不知道该如何回答他。确实,我们常听到的是"多行不义必自毙","疾恶如仇"。连雷锋叔叔都教导我们:对待敌人要像严冬一样残酷无情。苏东坡这样的做法,岂非纵容了坏人?岂非是妇人之仁?岂非要做东郭先生?

我想了想,就问学生:"苏东坡是坏人吗?"

"当然不是。"

"那他为什么入狱 5 个月,又为什么连遭贬谪?"

"那是因为他遭坏人陷害。"

"不对。律法是保护好人,惩罚坏人的。所以呢,从律法的角度而言,苏东坡是个坏人。"

"怎么可能?"学生叫了起来。

"苏东坡是个好人,但律法判定他是个坏人。'乌台诗案'后,苏东坡对于善恶的理解显然有了很大的变化。"

"好人不一定是好人,坏人不一定是坏人。"有个学生说。

我点点头:"好坏本来就不容易分清楚,既然这样,何不祈求观音保佑大家都平安无事呢?就如同学们之间偶尔起争执,你骂我一句,我非要回一句;你打我一下,我非要回你一下。居然也有到不可收拾的地步,致使双方受伤的。这不正是因为大家都认为自己对,自己好,自己的行为是在惩罚坏人吗?其实哪有什么坏人?你们说,我们班谁是坏人?"

同学都笑了。在作文《我的班级我的"亲"》里,他们写"二货",写"傻大个",写"调皮鬼",写"小贱",写"自恋",写"嚣张王"……就是没有一个人写"坏人"。

我说:"苏东坡有一次对弟弟子由说:'吾上可陪玉皇大帝,下可以陪卑田院乞儿。眼前见天下无一个不好人。'可见,在苏东坡眼里,没有坏人。"

有学生不理解,问:"老师,难道那些无中生有,陷害苏东坡的人,也是好人吗?"

我说:"这正是苏轼的大智慧,在他看来,没有坏的人,只有坏的事。他一生致力于阻止坏事的发生('见不善斥之如恐不尽,见义勇于敢为而不顾其害,用此数困于世'),却从不曾对人类失去信心。他想要传达的是:人无完人,所以难免做错事。但是做错了事改过即可,何必分好人坏人。也正因如此,苏东坡虽然屡屡遭人陷害,却从无恨人之心。他不但没有任仇恨滋生,让自己陷入地狱的烈焰中遭受分分秒秒的煎熬,反而利用难得的闲暇当了江山风月的主人,深得其乐。"

学生大概也是第一次听到这样的观点,静默,沉思。

苏东坡这样的境界,吾心向往之!

> **第十三篇**
>
> 爱激发孩子的正能量。

男生女生

做游戏的时候,男生拒绝和女生搭档,女生也是如此。只是初一的孩子,我奇怪他们的拘谨,但看表情,似乎又不全是因为害羞。

孩子们不肯说话,我就让他们写。

"写出你印象中同龄的异性形象吧。"我说。

两个胆大些的被我叫到黑板上来写。

男生写着:女生都是变态。

女生写着:男生都是神经质,爱打人。

我吃惊了,他们简直是彼此不相容呢。

我看看写在纸上的那些。男生写着:

我认为女生野蛮小气。

女生会认为异性交往是不正常的,会用老师来压人,小打小闹就要哭。

一群猪,太笨。

胆小,泼妇。

小气,爱哭,琴棋书画样样不会,软弱。

……

女生写着:

不知羞耻,满口粗话。

很调皮,很好玩,而且很坏,骂起人简直要人的命,并且有时爱打人。

有点骄傲,不屈服,自满,上课爱说话,坐没坐相。

没有规矩,野蛮暴力,斤斤计较,爱嘲笑女生。

脾气不好,没有绅士风度,无理取闹,比较勇敢,只在打架方面。

……

我真的惊诧了,他们看见的只是彼此的缺点吗?

"好吧。接着请写出你印象中同龄的同性形象。"我说。

这次答案好看多了。男生写着:

聪明勇敢,机智伶俐。

大胆,不猥琐。

英俊,有绅士风度,文武双全。

……

女生写着:

温柔大方,热情客气,乐于助人,美丽动人,才华出众。

乐于助人,对人和善,不说粗话。

爱哭,禁不起一点折磨。

……

可是问题又来了,女生听后说道:"不喜欢这样的男生。"

"为什么?"我完全糊涂了。

"这样的人一定很坏。""高傲自大,目中无人。"她们七嘴八舌道。

男生听后却说:"女生撒谎,她们根本就是泼辣野蛮。"

看着双方互不相让的架势,"说个故事吧。"我说。

他们立刻停止了争论,专注地望着我。

我笑了,毕竟是孩子啊,没有不爱听故事的。

"在一个东方国家,有一个很大的庙宇,庙宇的大厅里有几千面镜子。一天一只狗无意间闯入,几千面镜子里全部是它的身影。可怜的狗将自己的影子当成了敌人,它狂吠不已。当然镜子里的狗不甘示弱,在过分的狂怒中,这只可怜的狗死了。过了一天,又一只狗闯入这间庙宇,它看着镜子里无数的狗,开心地摇起尾巴,当然镜子里的狗也友善地摇着尾巴,这只狗在这里度过了快乐的一天。生活就是一面镜子,你给它什么,它就还给你什么。"

孩子们若有所悟地点点头。

"写出你心目中优秀的异性形象吧。"我说。

男生写着：

温柔美丽,聪明可爱,心地善良,性格开朗……

女生写着：

善解人意,君子风范,有爱心,够坦白,勇敢机智……

"这样的男生、女生,一定就在你的身边,只要你能够去发现,你会因为自己有这么可爱的同学而高兴自豪的。男女生交往,需要互相尊重,这样我们才能充分享受到友谊的快乐。祝愿同学们的校园生活美丽灿烂。"我说完这段话后,结束了今天的课程。

第十四篇

> 当我们陷入困境的时候,当我们遭遇不幸的时候,我们都不要忘记,我们还有一个美丽的花园。

美丽的心灵花园

生活与生命无关,记得是顾城说的。班里的学生大多不知道有这么个人,不知他曾经写过很美的诗。最近因为学新诗,便介绍了他,同时朗诵了他的《我是一个任性的孩子》,这是一首很适合听的诗,唯美,带着淡淡的忧伤,宛若青春。

学生果然一下被抓住,入神地听着,想着。

"诗人眼里的生活是怎样的呢?"我问。

"美丽的蜡笔画。"

"浆果一样的甜美。"

"有很多的爱。"

"光明的,大地上画满窗子。"
"晴朗的,清澈的。"
"忧伤的,他没有得到蜡笔。"
……

学生热烈地讨论着,诗里多的是美丽的句子、美丽的思想,在这一刻,他们的生命轨迹神奇地相接了。

"你眼里的生活如何呢?"我再问。

有人沉默了。

有人在说:"无聊。"

"紧张。"

"难受。"

"也有快乐的时候,就是短了些。"

这样的回答引起了阵阵的笑声。

"生活可以绚烂如花,可以美丽如诗,可以甜美如蜜。每一个生命都努力创造着自己的生活。生命是一颗种子,有阳光的照耀,有风雨的润泽,有泥土的呵护,它就慢慢成长为美丽。反之,它就成长为丑陋。顾城说:生活与生命无关,谁可以为我们解释一下它的含义呢?"我问。

"生命是个过程。生活是过程中的……"回答问题的孩子忽然停住了,很显然他找不到合适的语言来完成这个句子。

"花。"

"果实。"

"美丽。"

"奇迹。"

……

等不及举手,学生们你一言我一语地说着。

"谁能更具体一些呢?"我微笑着问。

一个文静的女孩举起了手,"生命是共通的,它只是或长或短的一段时间。而生活是生命创造的充满生机的……花园。"她犹豫了一会儿,很肯定地说出"花园"两个字。

有同学笑着点头,表示赞同。

我也笑了,"我很喜欢花园这个词,"我说,"它让我想起许多美好的东西,树木、飞鸟、各种可爱的动物、美丽的花、甜美的果子。可是,为什么刚刚有同学回答我,他的生活是无聊、紧张、难受的呢?"

学生们有的笑了,有的在沉思。

"当我们陷入困境的时候,当我们遭遇不幸的时候,让我们都不要忘记,我们还有一个美丽的花园,好吗?"我轻轻地说。

"一个美丽的花园。"有同学轻轻地和着我的话,教室里安静下来,大家都出神地想着那个属于自己的美丽花园,我也想着。

在生命的过程中,不幸的事也许只有一件或者几件,但是它带来的阴霾却可以长久地盘桓在你的花园上空,隔离了阳光、风雨,让树木干枯,花朵凋零,果实萎缩。所以,聪明的,不幸的时候,你也要微笑,要让你的花园美丽。

第十五篇

人最重要的是两颗心,一颗叫作"羞耻心",一颗叫作"不甘心"。有了羞耻心,就有勇气改正自己的错误,有了不甘心,才能督促自己不断进步。

我知道了

我们班有个孩子,胖乎乎的,特别可爱,就是不爱学习。有一次写作文《我的同学》,好些学生写他。写他胖,上课偷吃零食,爱讲笑话,CS玩得超炫。

他上课的时候喜欢将听到的或者看到的话改编成笑话讲给同学听,周围的人都被他逗得哈哈笑,很影响课堂秩序。每次,我只要一点他的名字,他立刻就说:"知道了,知道了。"可是,没过几分钟又故伎重演,真是好气又好笑。

记得有一次上课,他特别兴奋,我就说了 N 多遍:"CJ,上课发言要举手,知道吗?"他当然也说了 N 次知道了。做课堂作业的时候,我又特意走到他身边,小声叮咛着:"如果有问题,也要举手,等老师走过来,你再问。"他又是没等我说完就"知道了,知道了"地回应着。我微笑着点点头,走开来。教室里静悄悄的,大家都在认真地写作业,忽然,CJ 的大嗓门横空出世:"老师,这个我不会。"我看着他看,他忽然醒悟似的叫道:"知道了,知道了。"引得大家都笑了起来。

我走到他身边,又小声地叮咛他:"如果有问题,也要举手,老师会走过来,好吗?"他压着嗓子,又说了很多个知道了。坐在他前排的一个女孩,感慨地回转头,望着我说:"老师,你耐心太好了。""嘘……"我微笑着将手举起,示意她不要忘记规则。她调皮地吐吐舌头,回过头去继续写作业。

不知不觉间,我和这个爱说"知道了"的孩子相处快一年了。刚进初中时的调研考,他语文是三十几分,这次期中考来,100 分的试卷,他考了 73 分。我真的为他骄傲。

记得考试前几天,我给他和周边的几个同学默写词语,默写的时候他一本正经地遮挡着自己的本子,怕人家偷看。一组词语默完,他就激动地喊:"我第一,我第一。"结果他是第二。他很不服气,催促我:"老师,我们再默一组。"

有一次,我和学生讲,人最重要的是两颗心,一颗叫作"羞耻心",一颗叫作"不甘心"。有了羞耻心,就有勇气改正自己的错误,有了不甘心,才能督促自己不断进步。这两颗心,CJ 都有,所以在我批评他的时候,他总是连着说"知道了,知道了";所以默写不得第一名的时候,他说"老师,我们再来一组"。

我常想,这两颗心,我们的学生一定都有,我们所要做的,就是给他们一个温暖的、爱的空间,让他们的心带着他们前进。

> **第十六篇**
> 青春期是了解异性的最好的年龄段,通过与异性的交往了解异性,同时也了解自己对异性的感觉,为以后的恋爱、婚姻奠定基础。

异性交往

曾经做过一份调查问卷,对象是初一的学生,其中一项问到对异性交往的看法。92%的同学表示对异性有好奇心,希望能与异性交往,但不愿意被同学说成是不正常的关系。

"我希望能够建立和异性同学的友谊,"一个同学认真地说,"但这是不可能的。因为在同学老师眼里这是不正常的关系。"

"那你是怎么做的?"

"我就不和他们说话呗,除了收作业什么的,基本不说话。"

"你觉得异性交往最大的障碍是什么?"

"反正大家都不赞成的。家长和老师都反对,同学也要起哄,太烦了。"

不过,多数同学说虽然不想早恋,但是很希望和异性做朋友。

"为什么想和异性做朋友呢?"

"这不需要什么理由吧,老师。男生女生都是人,为什么不能交往呢?我就特羡慕《新成长的烦恼》里利齐和戈多的友谊。"

他们说得一点没错,青春期是了解异性的最好的年龄段,通过与异性的交往了解异性,同时也了解自己对异性的感觉,为以后的恋爱、婚姻奠定基础。但是,现实是男女生一旦交往就会被恋爱,被恋爱就必须转成"地下党",如果遇到问题,则一定不找家长或老师倾诉。

"他们要骂的呀。"

一句简单的话,满含着无奈和自卑。

这是我几年前做过的一个案例。小美是个美丽活泼、热情好动的女生，因为个性开朗直爽，在学校里有很多异性朋友。有一次，她在一位男同学家玩的时候，被他羞辱了。她又惊又怕，回家向母亲哭诉，却换来了一顿殴打和羞辱。母亲认为是她的不检点给了别人可乘之机，还说自己没有这样不要脸的女儿，让她滚。

在咨询中，小美流着眼泪对我说："老师，我其实不是那种女孩。"

我轻轻搂着她的肩膀，认真地告诉她："我知道，你不是一个坏女孩。"

因为缺乏自我保护意识，小美付出了太大的代价。可悲的是，小美明明是受害者，却没有得到母亲的支持，反而受到了更大的羞辱。小美母亲的行为令人愤怒，也让我为小美以后的生活担忧。

试想：如果在生活中，小美的母亲能够早早教导小美自我保护，这样的悲剧就可避免。如果在生活中，小美与父母有良好的沟通，她就能够在父母的监督下与异性正常交往而避免受伤害。可是生活中没有如果，事情发生了，希望天下的父母都能引以为戒，能够在孩子成长的过程中，做一个好的引领者，能够在孩子需要的时候，给予他最大的支持和帮助。

第十七篇

> 生活中很多事，并不是表面上看起来的那样。我们以为"傻"的，或者恰恰是真正的"大智慧"，我们认为"聪明"的，也许才是真正的"愚昧"！在孩子们成长的道路上，和他们一起去发现真正的智慧，是多么重要的一件事！

大智若愚

今天讲《童年》中外祖母对世界无私的爱。

种幸福的人

我说:"对世界无私的爱,意味着用善心对待他人。"

学生不理解,问:"如果那个人不好怎么办?"

我笑了:"外祖母对世界无私的爱就是无论别人怎么对待自己,她始终用善心对待他。"

学生更不理解了:"外祖母太傻了。热脸贴冷屁股的事,太不值得做了!"

好些学生在下面点头附和。

也有同学皱着眉头表示不赞同。我请其中一个起来说说她的看法。小姑娘站起来,想了想,说:"外祖母是很善良的。"

大家都笑了。我说:"外祖母的善良大家都是赞同的,但我们是在探讨这种无私的爱到底值不值得。有同学已经提出自己的看法:你对我好,我就对你好。你对我不好,我就不必对你好。外祖母无差别地对每个人都很好,这么做,值得吗?"

有同学在下面小声笑着说:"傻子。"

听到的同学纷纷笑起来。看得出,好多人都同意。

我于是在黑板上写下:付出　得到　≤　＞

"请同学们选择你愿意接受的结果,把符号填进去吧。"

不出所料的,学生们选择了"≤"。少数选择"＞"的则遭到了轻微的嘲笑。

"请同学们选择外祖母愿意接受的结果,再把数学符号填进去吧。"我说。

学生这次都选择了"＞",我看着他们,说:"再想想。"

大家沉默。忽然,L激动地站了起来。"我知道了!外祖母什么符号都不会选。因为她根本就不去计算,就是始终如一地用善心对待他人。"同学们先是对他投以惊诧的目光,接着又纷纷领悟过来,为他的答案喝彩。

"好吧,这下问题变得简单了。"我一边说一边在黑板上写下两个字——算计。

"外祖母的做法是根本就不去算计付出与得到之间的关系。而多数人的做法却是在与人相处时处处算计,时时衡量自己是得到的多了,还是少了。请问,这两类人在生活中会有怎样的区别呢?"

大家陷入了沉思。良久,一个微弱的声音说道:"计较会让人不开心。"

"还会让人生气。"

"让人难过。"

"有时候也挺得意的。"

……

同学们纷纷说出自己的想法。等他们说完后,我总结道:"算计影响着我们的心情,有快乐,但是也会难过、伤心、愤怒、委屈。更可怕的是,在算计中,我们慢慢失去对他人的信任,变得孤单、寂寞、不安。"

大家纷纷点头表示赞同。

"现在大家可以理解外祖母在遭遇那么多的不幸之后,依然能够散发出一种难以形容的愉快光芒的原因了吧?"

"因为外祖母与人为善,从不算计得失。"之前说外祖母"傻"的那个孩子说道。

"外祖母并不'傻',她的宽容与爱让她得到了快乐宁静的生活,而那些精于计算,唯恐自己吃亏的聪明人却在不知不觉中付出了巨大的代价——幸福。"

……

生活中很多事,并不是表面上看起来的那样。我们以为"傻"的,或者恰恰是真正的"大智慧",我们认为"聪明"的,也许才是真正的"愚昧"!在孩子们成长的道路上,和他们一起去发现真正的智慧,是多么重要的一件事!师者,传道授业解惑也!

(补:当然,千金之子,坐不垂堂。我们所探讨的与人为善,不是要令自己陷入《东郭先生与狼》之类无谓的险境。对于危险,我们同样需要智慧识别,以保证自己的安全!本篇所涉及之"人",为生活中的普通人。)

第十八篇

世俗的力量也不全是坏的,就像流水可以刻画出精美的湖石,就像山风可以勾勒出奇峻的峰峦,世俗在侵蚀人们美丽纯真心灵的同时,也可以雕刻出完美伟大的人性。

世俗雕刻而成的美

最近听课,丰子恺的《给我的孩子们》。

坐在我一侧的孩子,在上课的过程中一直晃神,手里的笔无意识地在书上画圈。只有在发现我看着他的时候,才假模假样地抬起头,却不知道望向哪里。

老师带着大家动情地念着课文:"孩子们!你们果真抱怨我,我倒欢喜;到你们的抱怨变为感激的时候,我的悲哀来了!"他恍若有些惊觉,凝望着老师,似乎极其渴望得到一些解释。

老师似有感应,问:"作者为什么欢喜?又为什么悲哀?"

回答的是一个可爱的女生,细声细气地说:"为孩子拥有童真而欢喜,失去童真而悲哀!"老师很满意。学生也很满意。我抬头看看黑板,这段文字早已在上面写着,孩子们很清楚借助中心回答问题的技巧。

身边的那个男同学,眼里的光却暗了,没了,又开始晃神。

我想起有一段时间,学校里开展了轰轰烈烈的感恩活动:写卡片,送祝福,把爸爸妈妈请到学校里来,接受孩子的"热烈"的爱……他大概是困惑了吧,不是你们这些大人们,总是要让我们停止抱怨,学会感恩吗?怎么我感恩了,你们反倒悲哀了?

但是,他没有提问,甚至连一丝提问的欲望也没有。

老师又带着大家念起了另一段文字:"我眼看见儿时的伴侣中的英

雄、好汉,一个个退缩、顺从、妥协、屈服起来,到像绵羊的地步。我自己也是如此。'后之视今,亦犹今之视昔',你们不久也要走这条路呢!"

我看看他,他照例不念,像一只沉默的绵羊。

我忽然想起几天前和一个孩子的聊天。他说:"真话自己知道就行了,为什么要说呢?说了也许倒是个麻烦。"我告诉他:"人们往往是通过自己听到或看到的内容做出判断,不说真话岂不是让人误会没有说真话的人!"他看看我,想想,说:"是这个道理,但我还是觉得不说比较好,反正我自己知道就行了。"

这个沉默的孩子大概也是这样的想法吧!世俗像巨兽吞噬了他可贵的童真,他将无法再做一个"身心全部公开的真人"了,这着实令人惋惜!然而,世俗的力量也不全是坏的。就像流水可以刻画出精美的湖石,就像山风可以勾勒出奇峻的峰峦,世俗在侵蚀人们美丽纯真心灵的同时,也可以雕刻出完美伟大的人性!相比孩子柔弱、单纯的美,它们更强大,更有影响力。它们带着光,裹着热,让每一个靠近的人、望见的人感到温暖。

看《宋史·范仲淹传》,念到"每感激论天下事,奋不顾身,一时士大夫矫厉尚风节,自仲淹倡之",竟然眼眶发热。苏轼写范仲淹高洁的品格如火之热,如水之湿,盖其天性有不得不然者。苏轼何尝不是如此!"折不折,天也!非刚之罪!"……

我很想告诉这个孩子,告诉所有的孩子,那些伟大的慈悲的纯净的灵魂,也是世俗雕刻而成的!长大后,我们也许会失去放肆哭笑的自由;我们也许会被苛责对待,不允许犯错;我们也许得学会掩藏……可是,我们同样可以变得更有能力,更有思想。我们的爱会随着我们的成长而变得更加强大,当我们能够给予而不仅仅是索取的时候,相信我,孩子,你所能感受到的快乐与满足,更多,更美好!

所以,在人生的每一个阶段都享受你独有的自我吧!成长,不可怕!放心,世俗也雕刻美,而且是大美、壮美!与其抱怨不足,不如振奋精神,坚守美德,让世界因为你的存在而美好!

第十九篇

人人心中都有一个桃花源,或者,简单了,就幸福了!

简单的幸福

幸福其实从来不简单。

开学第二周,要写作文了。办公室的老师给了一个很好的题目:简单的幸福。提前一天,我把作文题和相关的要求发在班级的群里。

学生回给我三条线。

"不写作业就幸福!"

"现在的我不幸福!"

"这个作文题真是戳到我的痛。"

……

第二天上课的时候,我先发制人:"幸福很简单,但是,世界很复杂!"那些准备着抱怨的孩子们忽闪着眼睛看我,他们很认真地想要听我继续说下去。

"当世界张开怀抱拥抱你,给你一个大大的微笑时,你会感到很幸福。当世界抛弃你,给你一个冷酷的背影,甚至是可怕的血雨腥风时,你感到很痛苦。幸福飘忽不定。但是,我们偏偏渴望抓住它,要将它永远的攥在手心里。守住幸福需要很大的智慧,但是,我们至少可以去理解幸福。所以,大家都来谈谈你所理解的幸福吧。"

F 站起来,他说幸福就是家庭和睦,家人互相理解和支持。

X 站起来,他说幸福就是有朋友在你伤心的时候安慰你,在你开心的时候一起玩。幸福就是陪伴和支持。

G 站起来,他说幸福就是衣食无忧和情感的满足。

Z站起来,她说幸福就是徜徉在浩瀚的书海,沉浸其中的神奇世界。

……

我们于是一起探讨怎样才可以守住这些幸福,最后,大家一起归纳了以下几点:

首先,最重要的,要有一颗豁达的心。活着就有可能遇到各种各样的人。你要学习接纳人的差异性,你要学习在遭遇误会甚至冤屈时,用宽容和谅解去消释仇恨。

其次,你要有一颗乐观的心。"人生不如意十八九。"遭遇不幸时,你要学习看到每件事的两面性,要学习专注好的一面,守住内心的乐观和积极,坚信"上帝为你关上了一扇门,就一定会为你打开一扇窗"。要永远怀抱着美好的希望,告诉自己:无论如何都要快乐地活着!

然后,你要学习保持灵魂的洁净。像所有简单快乐的人一样,把内心打扫干净了,让清风明月住进来,把那些尘俗烦恼都抛开去!在最最复杂的世界里,为自己还原一个最最简单的人生。过朴实的人生,说温暖的话,找到一个可以安放自己灵魂的家园。

我们还要学习沟通,要学习将内心的话语传达给别人,建立温暖的情感。不要让心里的不愉快和愤怒积压爆炸,让自己变成一个只有肢体语言的暴君。

最后,我们还要尽可能简单地生活,避免私欲膨胀而伤害其他。我们要怀着温暖的爱对待身边的人,尊重他们就像尊重我们自己。

人人心中都有一个桃花源,或者,简单了,就幸福了!

种幸福的人

第二十篇

只有在最平常的日子里,也能常常发现幸福所在,才是真正的幸福吧。

在最平常的日子里感知幸福

最近在学《林中小溪》,文中有这么一句话:有障碍,才有生活。

有学生这样理解:"作者是说有困难的人生才是精彩的人生。"

我追问:"哦,那你怎么看?"

他挠挠头,很困惑,"没有困难的人生好像也蛮精彩的,至少是舒服的吧。"

"比如?"

"比如,我假期的时候和爸妈去旅游,有得吃,有得玩,很好啊。"

"我觉得吧,我现在努力刻苦,就是为了以后有这么舒服的日子可以过。"小G煞有介事地讲,"这就是所谓的先苦后甜吧。"

"也有道理哦。其实人生之所以丰富美好,就在于我们可以有选择的权利。积极努力的一生,平平淡淡的一生,只要是合情、合理、合法,自己觉得舒服自在就很好。至于普里什文,他在文中赋予小溪坚强不屈、勇往直前的性格,其实和他个人经历有关。简单地说,当时,他的生活遇到了困难,他是希望自己像小溪水一样勇敢乐观,有睥睨一切困难的勇气!"

"原来是这样啊!"

"我还以为过安逸享乐的日子是可耻的呢!刚才偷偷在心里惭愧了一下。"小L腼腆地笑了笑。

"想过安逸舒服的日子蛮好啊。不过,人生漫漫,大概难免遇到困难吧。看看普里什文陷入困境的时候是怎么做的?"

"就是翻来覆去地鼓励自己了。"

我笑了。文中果然反反复复出现了搏斗啊,早晚啊,到达啊,诸如此类激励人心的词语。

"看来,是人就有烦恼,就有不顺利的时候啊。"小A感叹道。

"是啊。不过,读书人惯常的做法是:消极的时候,去找些积极的文字激励自己;激进的时候,躺进风花雪月的文字里休憩。不过,这样的做法,始终不是大智慧。就像一个人生病了,就去找医生开药,可是,为什么生病呢?他反而不关心。不了解自己,不知道自己所要的,才是我们消极的根本原因啊。有个小故事:一个富有的商人来到一片沙滩上,看见一位渔夫快乐地眯着眼睛晒太阳。他于是过去和他聊天。'你怎么有时间晒太阳呢?你应该抓住一切时间捕鱼,换到更多的钱,买更多的渔船,挣更多的钱。'渔夫看看他,'然后呢?''然后你就可以悠闲地晒太阳了。''既然我现在就能做这件事,为什么要等以后呢?'商人无言以对。"

故事讲完,我问他们:"渔夫幸福吗?"

学生有点头的,有摇头的。

我笑了:"我想渔夫是幸福的。因为他知道自己要的生活是怎样,并且每天都在过自己想要的生活。而那个富人呢?如果他赚钱只是为了晒太阳,他应该是痛苦的吧。因为,只有在最平常的日子里,也能常常发现幸福所在,才是真正的幸福吧!人们常有的错误观念就是:如果怎样,我一定很幸福。其实,我们应该这样说:因为这样,我总是很幸福。"

生活中经常会遇到《林中小溪》中描述的情况。它们慷慨激昂地呼唤着人们前进前进再前进,但是,如果那条路并不是你所要走的,你得知道,你可以不必听从召唤,你只要认真而快乐地走你想走的那条路就好了!

知道自己是谁,知道自己要什么,比较容易得到想要的幸福!

种幸福的人

第二十一篇

> 时间是条河,挟裹着我们向前不停歇。无论幸福还是痛苦,事情一旦发生,就不能回去了。纠结在过去的痛苦中,沉溺在过去的幸福里,都不是明智的行为。

找到最美好的方式接受

《故乡》里的那个闰土,从一个聪明机敏的小英雄长成了麻木呆滞的木偶人。

我问学生:"闰土的生活如此艰辛,他有希望改变现状,让自己和家人生活得更好吗?"

学生摇头:"他那么穷,又有那么多的孩子要养,社会动荡,苛捐杂税名目繁多……实在无法可想。"

"那么有没有可能让心情好一些呢?"我又问。

学生于是踊跃起来。

"一家人相亲相爱生活在一起,总是快乐的。"

"老师,你之前给我们看林清玄的视频,他小时候爸爸要养18个孩子,总是吃不饱,可是他还是找到了幸福的开关啊。"

是啊,穷点苦点的,其实也没有那么可怕。可怕的是因为穷困而放弃生活的希望,因为穷困而不再享受生命里的美好。学习鲁迅的文章,总是让人的心情变得沉重。在他的作品里,人们似乎总是屈服于艰辛的生活:闰土、杨二嫂、孔乙己……小说里的主人公好像从不思想人生,他们被放在悲催的境遇里,任命运之手推来推去!不知有意无意,鲁迅还时常在作品中放大人们的悲伤甚至绝望,吝惜着施与主人公些许温暖的阳光。祥林嫂在新年的钟声中凄凉地死去,孔乙己不知饿死冻死在何方,闰土在巨大的生活压力下苦成了木偶人！鲁迅像一个冷酷的判官,毫不留情地揭露着人性的丑恶,他的文字也因此少了点温暖的人道关怀。在他的笔下,处处可见的是压得人透不过气来的丑恶人性。

《故乡》中,迅哥儿说:我仿佛看见四面有看不见的高墙,将我隔成孤身。

这面墙,我想,或者就是我们看待世界的这颗心吧！

眼睛总是盯着凄苦的人生看,久了,心也就苦了。想让自己的心总是甜甜的,我们就要学会去盯住世界的美好。

穷困不是不幸的根源,看不见世界的美才会酿出人生的苦酒。

时间是条河,挟裹着我们向前不停歇。无论幸福还是痛苦,事情一旦发生,就不能回去了。纠结在过去的痛苦中,沉溺在过去的幸福里,都不是明智的行为。

佛家所说七苦:生、老、病、死、怨憎会、爱别离、求不得。认真想来,其实都是一种抗拒。不想生苦,不想老苦,不想病苦,不想死苦,不想怨憎会,不想爱别离,不想求不得。而偏偏这一切,从来不会因为你不想就不来。于是,你愤怒、伤心、痛苦,因为你拒绝接受！可是,结果又怎样呢？生命之河绝不会因为你的拒绝而把它带走的一切送还给你。

在绘本故事《逃家小兔》里,小兔儿想着法儿要离开妈妈,它要变成鸟飞走,妈妈就说:"我要变成树,让你有地方歇息。"它说它要变成鱼游走,妈妈就说:"我要变成小河,让你尽情地游。"兔妈妈是多么智慧啊,它找到了一种最美好的方式来接受。

人生也是如此啊,不能抗拒的,我们就接受它。

生活再不堪,哪怕没有钱,没有亲人,没有朋友,总还有江山风月,只要有一颗可以去爱的心,人生的滋味仍然可以是甜的啊！

第二十二篇

看《基督受难记》，耶稣被人们钉在十字架上，扎满荆棘浑身是血的他淡淡地说："我原谅你们，因为你们并不知道自己错了。"

义利之辨

班里的两个小女生吵架了。起因很简单，W 不满意 J 的一些小动作，J 扔了 W 的笔袋。因为两人之前的关系实在是亲密，所以这次争吵让她们对彼此咬牙切齿地恨，不仅从此成路人，更在班里划出阵营，有我没她，要她没我！

正在学孟子的《鱼，我所欲也》，讲到义利之辨，便问学生："如果两个人都认为自己所做的才是公正、合理的，偏偏立场又完全相反，那么他们该怎么办呢？"

"说出来，让大家评评理。"M 说。

我看看 W 和 J，两人都冲我摇头。她们不愿意说，她们宁可痛苦也不要说清楚。说清楚对她们而言，就已经是一种妥协。她们都是骄傲的，并且深爱着骄傲的自己。

Q 成天笑嘻嘻的，他即使被好朋友 F 打了，也不愿意翻脸，坚持对他好，对他笑。然而他的做法，却被一些人看不起，甚至打他的 F 偷偷说："Q 就是我的一条狗。"

……

要让学生明白"义"，真不是件容易的事。

孟子说："羞恶之心，义也。"义，就是有羞耻心。

大家认为 Q 没有羞耻心，于是嘲笑他，至于他是否因为珍惜友谊而隐忍，大家并不关心。W 和 J 闹矛盾，觉得 W 对的就站在了她一边，觉得

J对的就和她共进退,至于她们曾经了不起的友谊,大家都不在乎。

孟子在课文里举《嗟来之食》的例子,这个例子,常被人与"不饮盗泉之水"合用,用以赞扬人的气节。其实,认真想来,食物与泉水何错之有?如果不食而死是有气节,那么我想着家里的老父母忍辱吃了,是不是就是没有羞耻心呢?

其实,每个人都有自己的选择,每个人对骄傲的理解不一样,每个人所珍视的事物不一样。悲剧的发生通常是因为我们固执地认为只有自己才是唯一公正、合理的那个人。凡与我不同的都是错误的,是要被批评,甚至羞辱的。

在我看来,"不饮盗泉之水,不食嗟来之食"的古人和我的学生们并没有什么大不同。凡是守着自己的态度做出的任何与己相关的选择,在我看来都没有高下之分。

一个人羞耻心的境界,表现他在对待事物的态度上。第一阶段:恨"我"所恨的,爱"我"所爱的。第二阶段:恨一切的"非",爱一切的"是"。第三阶段:只有爱。

大多数人活在第一阶段,能够做到第二阶段所谓"明辨是非"的已经被称为智者了,而能够到达第三阶段的才是真正伟大的人。

看《基督受难记》,耶稣被人们钉在十字架上,批满荆棘浑身是血的他淡淡地说:"我原谅你们,因为你们并不知道自己错了。"

佛说:因为懂得,所以慈悲。

亲爱的,你活在第几阶段呢?

第二十三篇

义,我所欲也。好,亦我所欲也。二者不可兼得,舍"好"而取"义"者也!因为行"义"者坦然自在,求"好"者压抑委屈。

求"好"则不得"好"

学习"万钟于我何加焉?"问学生万钟(丰厚的俸禄)的好处。
学生开心地说:"漂亮衣服,好吃好喝好玩的,大房子,好车……"
忽然G大声说:"还有美女。"大家笑得更开心了。
"还有别人的尊敬!"
……
我把他们所说的罗列在黑板上,可有钱的好处实在是太多太多了,我最后只能用省略号代替。
看着黑板上那么多的"好处",孩子们笑得像中了大奖似的。
"'义'的好处有哪些呢?"我问。
"受人尊重吧。"有人回答。
"不一定吧。会被人骗!"L喊道,"好人好骗,因为他善良,所以会上当,会受骗,会被人伤害。"
H举手了。她是个内向的孩子,很少主动表达自己。我请她起来说说看。她站起来,却嘴唇颤抖着,眼眶里都是泪。她努力克制自己的情绪,但不行,她说不出话来。
"H,你把想说的话写下来,老师替你念,好吗?"她点点头,坐下去,拿出一个本子,开始写。
其他同学又纷纷举手。
"好人又不一定是穷人。好人会得到美貌与智慧并存的女朋友。"

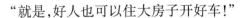

"就是,好人也可以住大房子开好车!"

"如果可以,我想做有钱的好人。"

大家又高兴地笑起来,他们自动将"义"换成了"好"。H在大家的笑声中,默默将写满字的纸递给我。

我看到上面写了好几个短句。

"约好一起出去,你按时到了,对方却迟到了。"

"一个人有事叫你帮忙,你帮了,可他却在旁边跟人闲聊。"

"一个人借你东西,用完了,他却说不见了。"

"一个人被人欺负,你过去帮助他,可他反而幸灾乐祸。"

这些问题,透露着同一种情绪:你对他那么好,他为什么对你那么坏?

我把问题念给大家听。

"傻呀,这种人不理他就是了。"J很有风范地挥挥手。

"可是,这么做,别人就不会说你好了。"我故意为难他。

他看看我,憋了半天,说:"那就要看情况了,如果一次两次就给他个机会。如果总是这样,一定是不能原谅的了。"

"那你以后就听不到他对你说:'你最好,你最好了。'"

J又犹豫了,他真的很纠结。

我于是转向其他同学,问:"我们所说的'好人'和课文里所讲的'义'是不是一个意思呢?"

他们想着看着。终于F举手了,"老师,你讲过的'义'是做正当、合理、应当的事。'好'是做让人满意的事,两个好像是不一样的。'义'是自己做事,'好'是希望得到好的评价。"

"说得真好。不过按H同学所说的情况,'你'做的是正确的事,'他'做的是错误的事。但为什么看起来'他'占便宜了呢!"

"因为好人好骗!"L得意了。

"这得看H是怎么想的了。"我说,"好是你想要的,好的回报也是你想要的。二者不可兼得,你怎么选?"我看看H,她很认真地听着。她不那么激动了,眼眶还红着,泪花却不见了。

"如果是一个有'义'的人,他会怎么选?"我又问。

"当然是选好,而不是好的回报了。"他们说。但是,一些同学还是觉得委屈,如果没有好的回报,为什么要做呢?

我看看黑板,他们讲了那么多"义"的好处,最重要的一点却没有讲出来。那就是你终将遇到一群和你一样的人,收获世上最真挚最温暖的情感!那种富足,是冰冷的物质所不能带给你的。而那些表面看起来占便宜的人,失去的正是这些最宝贵的情感啊!

但行"义"不等于求"好"。我想起 Y。她某天和我聊天时哭了,因为她觉得很累,更觉得大家不理解她。她为了大家喜欢她,故意装出别人喜欢的样子。她是在求"好"。她做所有的事,是为了被人说"好",却不是因为自己真心愿意。生活中这样求"好"的人大概不少吧,结果往往像 Y 一样,委屈了自己,还得不到"好"!

套用《鱼,我所欲也》里的句子:义,我所欲也。好,亦我所欲也。二者不可兼得,舍"好"而取"义"者也!

因为行"义"者坦然自在,求"好"者压抑委屈。

第二十三篇

能够明晰自己所追求的,能够坚定自己所要做的,不管你称它为什么,信仰也好,理想也罢,有了这个东西,我们才能在瞬息万变的世界里,守住自己的本性,即使外在惊涛骇浪,也能拥有内心的平静与安乐!而这个坚定不变的东西,就是真、善与美啊!

安乐生活

小 L 爱把自己打扮得漂漂亮亮的,每次换上新衣服,连上课都忍不住要照镜子偷看自己。知道自己是青春美丽的,知道自己因为好看的装扮更加明艳,她很快乐。讲《论语》的时候,说起颜回"一箪食,一瓢饮,在陋巷",她也不堪其忧起来,"这样的人生有什么趣味呢?"

小 M 是个老实的孩子,他写了一篇真实的作文交上来。课间的时候,同学们喧哗吵闹,脏话连篇。我说:"文章不是简单地记录生活,它是一种美的呈现。真实地记录丑陋却不是为了凸显美,这样的文字不但毫无意义,而且也是我们所反对的。我们所称颂的'真',是自然美好的真实状态。肮脏丑陋的画面虽然是人生真实的一面,但从人性的角度而言,它已经失去自然美好的本真,是人性扭曲后的一种病态呈现。在这种情况下,就需要我们有辨伪存真的智慧。"

小 H 看着分数追问我:"老师,有比我更差的吗?有多少人比我分数高?"他那么关心分数,却对自己的错误毫不在乎,不想知道自己为什么错了,也不愿意订正。

学习范仲淹的《岳阳楼记》,说起迁客骚人的悲喜观,我说:"不顺利时全神贯注地痛苦,顺利时竭尽全力地欢喜,哪里还有余力去做事呢?"

已故著名数学家陈省身先生曾给中国科技大学的少年班题词:不要考 100 分。我的理解是:以追求分数为目的的学习方式,心情必然会追随分数的高低而上下起伏不定,从而导致大部分心力的耗费。而这些时间和力气,如果用来学习新的知识,一定会有长足的进步吧!

小 L 不懂得颜回的"道义之乐",小 M 不明白"真"是辨伪后的结果,小 H 不晓得将心力耗费在可以改变处才值得。没有智慧的人生是局促的,不安的,摇晃的。

学生不明白范仲淹"先天下之忧而忧,后天下之乐而乐"的忧乐观,甚至颇为不解地担心着:这种完全没有快乐的日子可怎么过?我说:"其实范文正公时时都享受着很多人向往而不可得的宁静、安乐、平和的生活。"他们很困惑:"范仲淹不是说要天下人都快乐了他才快乐吗?难道他在撒谎?"

"他没有撒谎。忧乐观呈现的是范文正公的政治抱负,而他在生活中所享受到的则是'道义之乐'。所谓'道义之乐',简单而言,就是因为相信自己所做的一定符合道义,所以做前毫不犹豫,做时全力以赴,做完后坦然面对结果。而普通人之所以有许多痛苦纠结,多半在于做前犹豫不决,做时左右摇摆,做完如愿则喜,反之则怨。如此这般,反而时时被七情

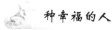

六欲所控制,难得享受到生活的安宁、平和之乐了。"

比如小L,穿着新衣服固然快乐,却因为某同学一句"好土",顿时陷入失望痛苦之中。小M呢,将眼睛里所看见的丑陋当成是生活的真实,因为觉得社会好黑暗而难过。再如小M,一心求好分数,却不知求知的根本在于纠错和创新,只能是缘木求鱼。

陈丹青在回答凤凰记者提问时说:"中国文脉已断……中国人现在最爱的信仰就是活下去。"我想,活下去固然重要,活得幸福才是我们的根本追求吧。能够明晰自己所追求的,能够坚定自己所要做的,不管你称它为什么,信仰也好,理想也罢,有了这个东西,我们才能在瞬息万变的世界里,守住自己的本性,即使外在惊涛骇浪,也能拥有内心的平静与安乐!而这个坚定不变的东西,就是真、善与美啊!

第二辑 生活点滴

天下最可怜的事情莫过于自己不认识自己。有的人因为不认识自己的缘故，走入歧途，一切堕落，事业不得成功，甚至危及生命，这是何等的危险。

认识自己有两方面：一为自己的主体，或称"自我"；一为自己的环境，或称"外物"或"客体"。单是自我，不会有正确的认识；单是被认识的客体，也不能认识自己；必须明白了主体与客体的关系，认识了环境，方能认识自己。所以我们首先要认识的就是我们的环境。

我们的行动与环境发生密切的关系：环境有支配或决定人生的力量，同时又有引诱人生入于某种途径的力量；我们受种种外物的支配和引诱都是必然的，不是偶然的。

——叶圣陶《教育与人生》

> **第一篇**
>
> 帮助学生在学业、人际交往、健康和理想之间找到平衡点,和谐发展,才是我们需要的教育。

上进的志气

某天下班的时候,校门口一个头发染成金黄的小青年招呼我:"老师好。"

我看看他,依稀认得,但名字是叫不出了。他说:"我送你到公交站台吧。"

我说:"好啊。"

于是边走边和他聊。

他说现在在黑道混,老大很照顾他,他是老三。他说他现在负责收保护费,也看场子。他说父母不知道,以为他在理发店上班。

我看着他,他的门牙少了一颗,大概是某次打架时失去的。他说话的时候一点也不嚣张,只显出茫然。

我说:"要学会保护自己啊。犯法的事情不能做的。"

他看看我,神色有些凄凉,沉默了一会,说:"其实我想过退出。现在想想还是读书好,我那时和老师斗气,就退学了,自己还觉得特别拽,特有志气。真傻。"

我看着他张扬的发型,带满耳钉的耳朵,瘦削的身子,邋遢的打扮,心里有说不出的酸楚,这个孩子,将为自己愚蠢的"志气"付出多么可怕的代价。

王鼎钧先生的回忆录《怒目少年》中有这样一段话:"没有好的家世,只要有好的学校;没有好的学校,只要有好的老师;没有好的老师,只要有上进的志气。"

可是,上进的志气,如果没有智慧的引领,也许就会演变为莫大的悲剧。

赵文彬是信阳市息县某中学的一名学生,2007年的6月,他谋杀了当地照相馆的一对夫妻。出事前,他是家长眼中的好儿子,老师眼中的好学生,同学眼中的优等生。在记者的采访中,赵文彬谈到了他的理想:好好学习,上大学就会有一个美好的前程。赵文彬说自己的偶像是《平凡的世界》中的孙少平,他说自己要上大学,要出人头地,将来也会像孙少平一样,拥有一个漂亮聪明的女朋友。为了实现这个理想,赵文彬学习比任何人都刻苦。可是,他没有等到理想实现的那一天,他成了一个少年杀人犯。

混黑社会的他,杀人的赵文彬,都是有志气的。一个不甘心被老师批评,决心要走自己的路,混出个样子。一个不甘心贫穷,决心要上大学赚大钱。可是,结果呢?一个是少年古惑仔,一个是少年杀人犯。

哪里出问题了呢?是他们所谓的志气。在他们的心里,上进的志气就是要有钱。混黑社会是为了钱,考大学是为了钱。以为有了钱,就有了尊严,有了一切。没想到,最后不仅没有钱,也没有了尊严,没有了一切。

我一直反对功利主义的教育,反对家长教师向学生灌输好好学习就能上好的大学将来就能有好的工作,又舒服又尊贵又有钱的思想。这是一个多么可怕的谎言,人生充满了不确定性,1+1=2只能出现在数学题中。混黑社会的他因为成绩差,认定自己人生没希望了,于是走了邪道。杀人的他因为超强度的投入,除了学习成绩一无所有,只一次失败的分数就超越了他的心理承受力,结果选择了自取灭亡。

什么是教育?爱因斯坦说:"学校的目标始终应当是:青年人在离开学校时,是作为一个和谐的人,而不是作为一个专家。"所谓和谐,简单而言是掌握平衡的能力。帮助学生在学业、人际交往、健康和理想之间找到平衡点,和谐发展,才是我们需要的教育。

第二篇

向自然学习神奇而伟大的自救能力。

自　救

和妈妈去乡下看老外婆,遇见一个小时候认识的阿姨在地里忙乎。妈妈停下和她聊天:"在杀虫啊?"

"是啊。虫子太多,一天不杀菜全完了。"

"这么热的天,辛苦了。"

……

2008年那场大雪后,我喜欢的香樟树上开始长虫了。春天到来的时候,原先嫩绿的叶子上都是黑黑的虫斑。到了今年夏天,门前的香樟树叶子变成了灰黑色。心里很难受,却不知道该怎么办好。

刚放暑假的时候,有很多叶子掉了下来,香樟树的树尖上却又冒出了嫩绿的新芽,在大片灰黑阴沉的树叶包围中,显得尤其柔弱,令人担忧。

转眼,暑假过去了一个月。天气预报说:今天有台风。早晨的时候,没有太阳,风挺大的,雨有一阵没一阵地下。我朝窗外望去,赫然发现那片新绿已经蔓延到各个枝桠,灰黑的叶子正在被绿色覆盖。我不知道它是如何躲开了虫子的侵袭,它就是做到了。我静静地看着那片绿色,心里充满了莫名的感动。整整5年了,它居然一边忍受着疼痛,一边悄悄积蓄起力量,然后在这个酷热的夏天,让自己重新披上绿色的新衣。大自然自救的力量是多么伟大啊。

忽然想起以前在《读者》上看到的一篇文章——《世界上最好吃的苹果》:一个农夫厌烦了化肥和农药,他想种出世界上最好吃的苹果,一种只有太阳和雨露味道的苹果。他购买了一块荒地,种满了苹果树,却坚持不

种幸福的人

使用任何化学药品。结果可想而知,苹果园成了虫子的天堂。好多年来,农夫和他的家人拼了命捉着没完没了的虫子,等到的却是颗粒无收。但是,就像我亲眼所见的家门口的香樟树一样,农夫的果园也终于完成了自救,第一次,他们收获了七枚果实。他和他的家人一边分享,一边流泪:"这就是我们祖先吃过的纯粹的苹果啊。"以后,他的果园里成熟的果子愈来愈多,凡是吃过这里苹果的人,都会感慨地说:"这是世界上最好吃的苹果,它有阳光的味道。"

香樟树做到了自救,苹果树做到了自救,凭什么认为我们日常食用的蔬果无法自救?我想只是我们焦急的心,经不起等待吧。

才种下的种子,希望明天就能收割,赶早卖个好价钱。杀死了虫子,却把毒素永远地带到我们的餐桌。

而这种焦虑,是不是已经蔓延到我们整个的人生呢?

才出生的孩子,就迫不及待地为他想好了要走的人生路,希望他有出息,希望他光耀门楣。一步步走来,过度的功利心杀死了生活中点点滴滴的快乐。登高而望远,有多少人却在做着望远抛高的危险事!

"非淡泊无以明志,非宁静无以致远""见素抱朴,少私寡欲",何不试试看?

第三篇

让我们的孩子有更多的时间走进大自然。

看不见太阳的孩子

最近在教欧阳修的《醉翁亭记》,其中有写到晨景的句子:日出而林霏开。我于是说:"最近几天的早晨,都可以看见树林里的雾气。早晨橘红色的太阳,悬在蓝蓝的空中,树林里雾气迷蒙,宛若仙境,真的很美啊。同学们都看见了吗?"

下面是一片哀号:

"老师啊,我们出门的时候,太阳还没起床哪!哪里看得见哦。"

"我没有看见树林啊!"

"我赶着上学,就看见汽车和人了!"

"这样啊,"我同情地说,"那落日也很美啊。这两天的落日又红又大,很漂亮啊!"

终于有几个学生应和着说:"嗯,我看见了。"仅此而已!

文章里还有春天的野花,夏天的绿荫,秋天的霜,冬天的水,可是孩子们分不清这里的四季。四季对他们而言无关春花秋月,夏荷冬梅,四季不过是一个又一个的读书日。

三毛在她的散文《塑料儿童》中写了这么一件事:假期,她带着几个孩子去郊游,看见美丽的花草,她欣喜若狂。可是,孩子们无动于衷,不停地催促:"什么时候回去?电视剧要开播了。同学还等着电话呢。"三毛于是感慨孩子已经被工业化了。

可是,是什么造成的呢?

冬天的6:30,天还没有透亮,路上已经有很多背着书包上学的孩子。17:30,天已经暗透,学校里初三的教室依然灯火通明。这是一群看不见太阳的孩子。书本里的文字和电视里的场景几乎构成他们对自然的全部认识。可是,他们听不见鸟鸣声,如何理解"鸟鸣山更幽"?他们看不见繁花,如何懂得"姹紫嫣红总是春"?他们闻不到自然的气息,如何了解"暗香浮动月黄昏"?他们触不到泥土的柔软,如何体味"化作春泥更护花"?

当我们谴责学生理解力差,作文语言乏味、内容空洞的时候,有没有想过,一个看不见太阳的孩子,又该从何处去寻找诗情画意?

苏轼小的时候,家里的院子里有很多花木,因为他母亲的慈悲,飞来筑巢的鸟儿愈来愈多,有一些甚至就筑在低处,低得可以望得见。苏东坡很爱与这些鸟儿玩耍,成名后还写了一首诗回忆这段美好的时光。他的悲天悯人之情,对自然始终不变的热爱,与这段经历是分不开的。

老子在他的《道德经》中教导人们多向自然学习。他认为自然的美不仅是外形上的,更表现为至高无上的道德,如水的谦卑,万物的奉献,天道的取长补短。以自然为师,我们要做的,只是走进去,去感知,去分享。

可不可以,让孩子们每天都看得见太阳?

第四篇

顺势而导,在期待与信任中激发孩子内在的正能量。

谁会拒绝更多的快乐呢

生趣,可以简单理解为生活的情趣或乐趣。有个词语叫了无生趣,百度词条上这么解释:没一点生活的情趣了,没一点生活的意义了!完全没有活下去的兴趣了!可见,生趣,对于每一个人都很重要!

小A是个很有"生趣"的孩子,尽管他功课不好,行为习惯常挨批评,但是笑容像是被雕刻在了他的脸上,谁也夺不走!

他有一个非官方的绰号"讨人嫌"。你瞧,同学又来告状了:

"老师,他把我往女生身上推!"

"老师,他没事跟我上厕所,站在旁边看我!"

"老师,他捏我脸!"

"老师,他又给同学乱起绰号!"

"老师,他把我推到花圃那里去了!"

"老师,他上课老摇桌子,害得我写不好字!"

……

"小A,你能不能让我清静一天!"老师在喊!

"小A,你能不能让我们班舒服一天!"同学在叫!

小A却乐在其中,笑得花儿似的,点着头说:"知道了啊!我不会了!"

可是,第二天,告状的同学又来了:

"老师,他掐我脖子!"

"老师,他上课用笔在我身上画!"

"老师,他造谣说某某和某某谈恋爱。"

……

你说,小A是不是无赖,知错不改,口是心非?

不,当然不是!小A其实真的在改,今天犯的错,他第二天就不会重复,如果欺负同一个人,他就换一种方法,只有欺负不同的人,他才沿用老法子。小A记性很好,从来不会搞混。有一次,学生跟我说小A放学后故意将吃剩的东西扔在同学身上。我问小A为什么,他无辜地看着我:"啊,放学后也管啊?"

小A总是把自己的快乐建立在他人的不快乐之上,看着被捉弄的人懊恼、生气,他就很有"生趣"。这种快乐当然是不被允许的,来自于老师和同学的批评一方面阻碍了小A快乐的延续,另一方面也激发了他想获得更多快乐的欲望。于是,整人的花样百出,你说这样做不行,那我换个方式或者换个人,继续!

于是,人们看到小A死性不改地朝着"坏孩子"的方向前进!但是,小A却颇多委屈:"我明明已经按你们说的做了啊!为什么不但不原谅我,还故意针对我!"真糟糕!这样的情绪如果得不到梳理,小A的委屈和愤怒就有可能转变成仇恨,严重点就有可能发展成"反社会人格障碍"。

其实,认真想想,小A只不过是还没有学会"自得其乐",更不懂得"助人为乐"。他不愿意过了无生趣的日子(这是完全可以理解的),偏偏又只懂得这样一种获得快乐的方法(其实他也不愿意与人为敌的),才陷入恶性循环。

生活中这样的小不点"讨人嫌"可不在少数。我们可以借助"成长游戏"帮助他们。比如,制作一张表格,列出你希望他做到的、他能够做到的、他乐于做到的和他很难做到的几个项目,明确奖励(多多益善)和惩罚(罚在关键点,发生了你最不愿意看到的事才给惩罚,不可太过琐碎)。

具体做法因人而异，但以下几个原则要遵循：

第一原则：如果要夺走他的某一项乐趣，那么一定要换给他一个等价的快乐。

第二原则：用做游戏的心情来进行互动，过程中双方都要有快乐的感觉。（千万不要高高在上）

第三原则：一旦发现他有厌烦的情绪，立即与之探讨，及时补充"游戏"内容。

通过这个方法，我们可以帮助他学习"自得其乐"，甚至"助人为人"，一旦他发现了可以持续、不用挨批甚至会大受欢迎的好乐子，就不会再"自讨苦吃""自作自受"了！

道理不过是一两句话，很快就讲完，不过一些孩子需要时间在具体的事件中去体会这个道理，当他通过自己的实践发现了更好的生活方式，他必定趋之若鹜！对于小A这样的小不点"讨人嫌"，我们一样要尊重他们获得生趣的意愿，同时，可以通过适当的方法帮助他找到更多、更长久、更适合生活的乐趣！

人，总是希望能够自己做决定，无论大人还是孩子。所以，不强迫，不抛大道理，只要向那些小不点"讨人嫌"展示美好的生活，浸淫其中一段时间，他们就可以做出正确的选择了！说到底，谁会拒绝更多的快乐呢！

第五篇

说真话，讲真理！

尽信书不如无书

社会上对语文教学诸多诟病，其中一条就是教材断章取义，似有愚民的意图。苏教版语文七年级下有一篇文言文《赵普》,写了赵普的两件事:一,读书勤奋,指的就是著名的半部《论语》治天下。二,不顾个人安危推荐人才。教参上写道:这两件事体现了赵普以天下为己任的崇高品质。

然而,宋史中的赵普并非完美无缺。宋史说赵普读书少,所以做事情没那么多"规矩",这是可信的。

先说半部《论语》治天下,实在令人怀疑。儒学推崇的是"仁义礼智信"。孔子说:"君臣之义,如之何其废之?"赵普却一手策划了陈桥兵变。孔子又说:"不义而富且贵,于我如浮云。"赵普却收受贿赂,走私盈利,以权谋私。由此看来,闭门读《论语》,更像是赵普为皇帝专做的一场秀。然而在教科书上,赵普却宛然成为了一个君子。晚年手不释卷读《论语》,鞠躬尽瘁为国事。

再说不顾个人安危推荐人才。宋史记载"奏荐某人为某官",由此推断,赵普拼死力荐的这个人看来并没有发挥多大的才干,以至于只能用某人替代之。且不论赵普居心何在,至少看人眼光并不准确,如此坚持推荐一个能力不出众的人为官,只能说明他刚愎自用,自以为是。

作为开国元勋的赵普,在宋朝建立之初,确实充分发挥了自己的才干,为宋朝开创了和平统一的新局面,也算功德无量。只是,教科书上《赵普》一文,断章取义,故意将赵普塑造为可歌可泣的英雄人物,实在是与史实不符的。

我们的教育,就像一个溺爱孩子的长辈,总是希望告诉孩子们世界是光明的,人性是美好的。我们总是习惯将黑暗和残缺藏起来,还自我辩解道:"孩子们还小,等他们大一点再告诉他们真相好了。"但是,人不是睡一觉醒来就可以忽然长大的。认知需要一个过程,在这个资讯发达的年代里,其实我们已经藏不住真相。故意的遮掩,只能让孩子们觉察到教育的虚伪。而教育工作者为了让答案与标准相符,让自己的学生得到一个好的分数,有时也不得已进行着虚伪的教学。有老师开玩笑说:"屁股决定大脑。谁在那个位置,谁就掌握了真理。而我们,不过是一个传声筒而已。"

教育的虚伪,教学的虚伪,是教育工作者不受尊敬的根源。古人说:

信其道,尊其师。如果一个人所传授的道是假的,是空的,是无意义的,又怎能指望人们尊敬他?

第六篇

于不幸中看到幸福,于绝望处发现希望!身陷泥淖时,记得仰望天空。

可怜的孩子

和朋友聊天的时候,忍不住抱怨有些孩子对生活的热情愈来愈低,几乎降到冰点。朋友很安静地说:"如果让你每天早上6:00起床,每天晚上11:00睡觉,不是读书就是写字,你试试看,还有没有热情。"

我忽然无语了,然后很悲伤。她说的不全是事实,不是每个孩子都学得那么辛苦。但是她说的也不全是谎言,总是有一部分孩子学得很辛苦,辛苦到了麻木。对于那些孩子,读书是暗无天日的,他们甚至连抱怨的声音都不愿意发出,浑浑噩噩地过着上学的日子,期盼着放假玩游戏的日子。他们的理想早就被掩埋在无穷无尽的低分里,他们的热情转向游戏、恋爱或者别的什么,只是不要学习。

小Z,这个总是无法专心念书的孩子,有一次认真地问我:"老师,我就是管不住自己,怎么办呢?"我教给他一些方法,可是他无法坚持,很快就放弃了。他是个可怜的孩子,父母离异,和脾气暴躁的父亲一起生活。然而他最可怜之处是他可怜着自己:我真可怜,爸妈离婚了,爸爸又不能很好地对待我,我为什么还要努力呢?我哪有力气努力呢?我已经太伤心以至于没有奋斗的力气了。

辅导课的时候,我给他们念《爸爸的便当盒》。念完后,我问小Z,你觉得故事里的小男孩怎样？小Z沉默了很久，我耐心地等着他，因为我想听到他的答案，很久，他终于说道："他很坚强。"故事里的悠是个小学生，爸爸在他很小的时候去世了，他用着爸爸的便当盒，对自己说："我要努力吃饭，努力练习空手道，成为像爸爸一样强大温和的人，因为我是家里唯一的男人了，我要保护妈妈和妹妹。"

小Z的脸上现出一丝羞愧，和故事里的小男孩相比，他显得太懦弱了。他想着自己的可怜，想着想着就成了一株长在暗地里的柔弱的豆芽，对什么都害怕，对什么都不感兴趣。学《我们家的男子汉》的时候，我问他："你心目中的男子汉是怎样的呢？"他扭摆着身子，似乎很努力地想着答案，最后说："聪明。"14岁的小Z，对男子汉的定义仅有"聪明"，这真令人难堪。

和那些自尊、自爱、自强的孩子相比，沉浸在自己是个可怜的人想法里的小Z，似乎从可怜自己的那一天起，就不再成长。他行为幼稚，思想简单，他的眼睛和心灵都被自己的柔弱牢牢束缚住，不能看见天空底下的生活多么精彩，人生多么有趣。

我们都曾经可怜过孩子：这么小的年纪背这么重的书包，读这么难的书，写这么多的作业。起这么早，睡这么晚。环境不好，玩的时间太少……有没有人想过，如果现实的环境不能发生改变，这些好心的怜悯，也许只会降低孩子们面对冷酷现实的勇气。我们得学会把可怜藏在心里，帮助他们走到阳光下面，去发现和创造快乐。

> **第七篇**
>
> 学语文,为什么?为了开阔思想境界,跳出狭隘的视觉空间,登高望远,探索人生之道。

学习语文的"道道"

家长会结束后,一位满心焦虑的妈妈找到了我,她的孩子自从进入初中后,语文考试还没有高过80分。

"怎么办呢,老师?R总说找不到学习语文的'道道'。"

R是个机灵聪明的孩子,虽然学习不是特别努力,但成绩始终能够处于上游,与其他几门主课相比,语文确实落后了。

我们常讲的学习语文的"道道",也就是方法,无非就是上课认真听,回家认真写作业,有时间多看看书。R资质不错,虽然这几点做得并不完美,但真正导致他语文成绩不佳的原因,却是学习语文的另一种"道道"。

初中阶段的语文,以赏析为主,记识为辅。所赏析的文章大多探究人性的真善美,鞭笞人性的弱点。

R同学不是一个逢迎老师的人,对于课文内容,时常要提出自己的看法。但是,他的这些看法往往被局限在自己狭小的见识之中。

有一次,我们学习童话故事《七颗钻石》。它讲述了在一次可怕的大旱灾中,一个小姑娘和她的母亲出于爱心让出了如生命般珍贵的水,感动神灵的故事。R立刻就提出了问题:"老师,小姑娘的妈妈都快渴死了,她还把水让给陌生人喝,这不是要害死自己的妈妈吗?她太坏了。"

我们很认真地探讨了这个问题,最后大家得出的结论是:妈妈深爱着自己的女儿,断不肯自己先喝水,小姑娘为了宽慰妈妈决定先喝一些水。当门外走来了一个讨水喝的陌生人时,小姑娘又把水让给他喝,这是因为小姑娘太善良了,她像爱妈妈一样爱一切人。所以小姑娘把水让给陌生人喝,这不是坏,而是一种大爱。

爱自己,爱亲人,很多人都能做到,但这是小爱;老吾老以及人之老,幼吾幼以及人之幼,这是大爱。

探讨结束后,同学们都被小姑娘的这种大爱感动了。可是R说:"这是骗人的,生活中根本不可能有这样的人。"

R在平时的谈话和作文中,也时常流露出对金钱权势的向往之情。有一次学习古文,其中有一句"贫者,士之常也",他高兴地笑了,说:"读书有什么好,赚钱才是最重要的。"

其实,我很欣赏R敢于直言的勇气。可惜,他一叶障目,并不懂得他的这些念想,不过是从某种程度上照出了世界的部分真相。

R进入初中已经整整一年,在这一年中,他开始有一些改变。但是,对于"仁、义、礼、智、信、忠、孝、悌"这些传承多年的价值观,他始终存在困惑。诚然,小小年纪的他们,也曾经历过同学的背叛,也偶尔可见恃强凌弱的行为。班里的小个子X甚至在作文里偏激地写过:我对人类已经失去了信心。

不过,正因为此,语文才有了存在的价值:我们需要通过它来开阔思想境界,跳出狭隘的视觉空间,登高望远,探索人生之道。

唐代的韩愈说:师者,传道授业解惑也。

北宋的张载说:为天地立心,为生民立命,为往圣继绝学,为万世开太平。

看来,在这个纷繁复杂的世界里,要找到学习语文的"道道",多做习题还不够,你还得明白做人的"道道"。《周易·乾》说:"君子进德修业。"惟愿天下学子都能真正通晓学习语文的"道道"。

第八篇

> 我们的耳朵可以听到各种各样的议论,我们的心则可以区别这些声音,留下那些善的美的,去除那些恶的丑的。别相信你的耳朵,去相信你的心。

真 相

今天同事给我看了一篇学生作文,文中谈到了儿时的许多趣事,在谈到捉蝌蚪的乐趣时,一个词给我留下了深刻的印象——不怕。

猛然想到自己的童年,岂止是蝌蚪,什么癞蛤蟆、毛毛虫、水蛇、毒蛇、老鼠、蟑螂,诸如此类,似乎没什么是可以让我害怕的。我总是满心欢喜地看着它们,甚至捉住它们,它们一度是我最好的无声的朋友。

已经忘记是从什么时候开始害怕的。似乎是初中。仿佛记得有那么一次,一个男生带了一条蛇来学校。满教室的女生跳脚尖叫,哭鼻子掉眼泪的人中居然还有我的同桌,那个绰号"糖精"的男孩。还记得我并不害怕,只是开心地看着他们狼狈而热闹的模样。也许是发现了我的异常,突然就有人把蛇往我身上扔过来。然后,本能的,像每一个女同学所做的,我跳脚尖叫起来。几个女生马上靠过来斥责那个调皮鬼,我们是一体的了。而我,从那时起,就不再玩毛毛虫之类人们口中恶心丑陋的小玩意儿了。我觉得我怕它们了。

在很久以后,喜欢上了法布尔的《昆虫记》,尤其喜欢写蜣螂的那一章,喜欢法布尔笔下那个小小的滚动着粪球的哲学家。慢慢又开始看那些小玩意儿爬来爬去、跳来跳去、游来游去的潇洒自在劲儿。没问过自己为什么,只是忽然地又什么也不怕了。直到昨晚,凌晨醒来忽然想到一个作文题——"真相"。在想着如何给学生解题的时候,居然就顿悟了自己怕与不怕的因缘。原来,我害怕的不是这些小玩意儿,我害怕的是自己和别的女孩不一样,害怕自己因为不同于他人而被排斥、被取笑。

我上小学的时候,还有留级制度。印象最深的是一个高个的女孩,据说她已经留了三级,而且还将继续留下去,因为她每次考试都不及格。大家都取笑她,连老师也不例外。我看了只觉得害怕,从此就很怕自己考试不好,尤其害怕考最后一名。

在后来的成长过程中,还见过很多因为异常而被惩罚的例子,因为都是生活中的琐事,反而记忆尤深。最早穿喇叭裤的,最早整理头发的,最早谈朋友的……每次看到同学因为这些在我看来莫名其妙的原因受惩罚的时候,我总是心惊胆战。我不能够明白,一个人生活的样子既然没有伤害到别人,为什么就不能被尊重呢?

在我教过的学生中,有一个学习语文很有天分的女孩。不幸的是,因为她胖而且不好看,时常被调皮的男生取笑。有一次,她哭着来找我:"老师,你刚走开,L又骂我了。"我知道自己无法贴身保护她,也知道改变某些人的惯性需要太长时间,所以我对她说:"我们的耳朵可以听到各种各样的议论,我们的心则可以区别这些声音,留下那些善的美的,去除那些恶的丑的。别相信你的耳朵,去相信你的心!"

我用了很久才明白,不用对耳朵里听见的每一个声音做出回应,我把这些告诉她。如果她能够明白,就可以更快地专注于自我的成长,就可以获得更多的快乐;如果她不能理解,那些不怀好意的声音会耗尽她全部的生命的能量,让她一生与痛苦相伴。令我欣慰的是,她明白了,也因此而变得更加强大。初三中考的时候,她的语文成绩是全校第一。

J在作文《真相》中写了他如何调查违规的事情,在文章的最后他这样写道:有时候,真相并没有多么重要,重要的是不能乱猜疑别人,尤其是我们身边的人。

是啊,怀着真诚的善意对待我们身边的每一个人,才是这个世界的"真相",我们活着的"真相"啊!至于其他的"真相",真的不必在意,请宽容和理解所有于人无害的物或人吧!这样,所有因为恐惧而隐藏了"真相"的人们,就可以做真正的自己,像悠游在水中的鱼儿那般自在快乐了吧!

种幸福的人

> **第九篇**
>
> 知道有两层含义,一是知晓知识的内容,二是明白知识的规律,并且能将此运化到我们的生活中去,以达成健康愉快的人生。

"知道"的两个层次

如果让你用一个实验来证明自由,你怎么做?

在某国的课堂上,一位学生给出了一份这样的答卷:

他邀请 M 老师、本班成绩最差的学生 K 和成绩一般的 P 同学,一起帮助他完成这个实验。在一番部署后,他将本班学生分成三个小组。然后,开始了他的实验。

他先对 A 组同学说:"我有一个问题,你们可以选择其中一位来回答,如果回答正确,我准备了一份精美的礼物给你们。"

A 组同学都选择了 M 老师,B、C 组的同学都发出了哀嚎。

然后,他对 B 组同学说:"K 同学已经预先拿到了我问题的正确答案,请你们选择。"

B 组同学发出了欢呼,A、C 组的同学则大声抱怨。

最后,轮到 C 组同学了。面对神情极度沮丧的 C 组同学,他微微一笑,稳稳地说道:"抱歉,我刚才撒谎了,其实真正的答案在 P 同学手里。"与此同时,P 同学拿出了早就准备好的那份答案。C 组同学欢呼着彼此拥抱,他们意外地成为了获胜者。

最后,这位同学对自己的实验给出了这样的结论:自由,应该是建立在真相之上的。

你能够想象吗,这是一个孩子的创意啊!

我们的孩子们有吗?应该有。我们给过他们这样的机会,让他们展示自己的思想和智慧吗？也许没有。我们的老师或者并不缺少智慧，但是，我们的课堂却是按部就班，以企业生产精密仪器的态度进行着教学。一个小数点，一个笔画，一个不可省略的步骤都是被反复训练的内容。答题格式、内容都是标准式的。在繁琐的训练中，思想被挤到很小很小的角落里，它因为太具个性、没有标准而不被重视，甚至被排斥。

我一直对学生说，"知道"有两层含义：一是知晓知识的内容，二是明白知识的规律，并且能将此运化到我们的生活中去，以达成健康愉快的人生。

智慧的老师可以把两者很好地融合到他的教育中去。但很多时候，出于各种各样所谓现实的考虑，我们把大量的时间花费在了"知道"的第一层面。对于这一弊端，早在1919年的时候，叶圣陶先生就说过：读书只求记忆，没有研究的方法，没有实验的机会，那终究是不会切合人生，丝毫没有用处。一个人在幼年的精神和时间是何等宝贵，却无端被教师引导用在"死读书"上了。一旦"盲从"变成习惯，则根性难移，"喜明辨""爱真理"的可能性就渐渐渐灭无余了。

开学第一天，在公交车上遇见一个小学生，短衫短裤中，露出的四肢极其瘦弱，背着大书包、提着饭盒包的他看起来神情萧索，全无少年人的活泼与生命力。

我很想知道,他在想什么？

而我,则想效仿马丁·路德·金,说一声:我有一个梦想。

我梦想：每一个孩子都带着微笑从清晨的鸟鸣中醒来,兴致勃勃地前往知识的殿堂开始生动有趣的学习生活。

我梦想：每一个智慧的教师,勤勤勉勉在知识的沃土中呵护思想青翠的幼苗,以阳光普照之,以雨露滋养之。

> **第十篇**
>
> 当我们与孩子互动时,记得带上爱与信任!

不要随便考验孩子

阿诺是八年某班代理班长。这"代理"两字,让她的处境很是尴尬。如果她行使班长的权力管理同学,班里的几个调皮鬼会说:"哇!神气什么啊,又不是真的班长!"如果她像个普通学生自管自,偶尔犯个小错,她又会遭到老师和同学严厉的批评:"阿诺,不要忘记你是班长!不要忘记班长的责任!"

这样的境况让阿诺如坐针毡。几天后,她就完全失去了当班长的热情。她不但不再约束自己的行为,甚至因为巴望着早点扔掉这个可厌的包袱而故意表现不好。

从老师的角度而言,任命学生某个职位,明确一段考验期,要求大家一起监督,是为了确保学生能胜任这一职务。这个看起来很有道理的方法,实则完全不合情理。

当某个孩子得到代理职务的时候,她会想:"老师信任我,所以他委我以重任?哦,不!老师不信任我,所以他要考验我,还要大家监督我!"由于年龄的限制,他们的心智还不足以处理如此复杂的状况。他们或者选择逃避责任,或者学习一些应付的手段,很少有人能够在保证公平公正的情况下,尽忠职守地履行代理职务。

这种考验,不但不能增长学生的才能,甚至还会影响到他们健康健全的人格,偏激的甚至会发展出不良的世界观、人生观,完全弊大于利。

另一种常见的容易被演变为对学生考验手段的方法,就是积分制或者代币制。可是,这种好方法,如果没有倾注老师的爱心与信任,只是流于形式的话,就会变成一场灾难!比如小说《汤姆·索亚历险记》中,汤姆的学校就有这么一个制度:学生背出两小节的课文就可以得到一个蓝条,十个蓝条可以换一个红条,十个红条可以换一个黄条。哪个学生拿到十个黄条,校长就奖励给他一本印刷粗糙的《圣经》。其实,学生并不在乎奖品,但因为一旦获奖就能成为那天引人瞩目的大人物,所以总有学生愿意为此拼命背书。据说有个孩子因为用脑过度,从此成了白痴。而像汤姆这样既想出风头又不愿意好好背书的学生,就会走歪门邪道了。

汤姆为了当一回"大人物",用一些玩具和糖果换来了九张黄条、九张红条、十张蓝条,在众目睽睽之下向校长提出换一本《圣经》的请求。尽管校长知道汤姆的捣鬼术,可是条子不假,数目也对,更因为汤姆是唯一一个够条件换取《圣经》的学生,为了自己的面子,校长没有揭穿汤姆的诡计,让他得到了这个了不得的荣誉。而这一结果却是让所有学生接受了一次投机取巧于己有利的负面教育。

多么可悲的结果!

在没有信任与爱的情况下,与孩子的任何互动都是错误的行为。与其带着不信任考验孩子,不如直接告诉他:"要达成目标,这些是你必须做到的,如果需要帮助,请告诉我。因为,我始终在你身边支持你!"

第十一篇

要让每个孩子都能感受到教育的自由空气,说真话,讲真理。

鬼精的小石头

小石头长着圆圆的身子,圆圆的脑袋,圆圆的眼睛,一副机灵鬼的样子。同学们都说他鬼精鬼精。举个例子吧,有一次,班主任发话,以后谁

种幸福的人

在考试中进步就有奖励,进步一个名次就奖励一本本子。于是在之后的第一次考试中,小石头出人意料地得了个倒数第三。一些得到奖励的同学故意拿本子炫耀,小石头不屑一顾,说:"笨蛋。"第二次考试,小石头得了个正数第二,我的老天,他一下被奖励了38本本子。同学们在瞠目结舌后,终于明白了他的战略。而班主任一边把本子奖给他,一边宣布了这个奖励计划的终结。

小石头的鬼精还表现在他的口才上。上课的时候,小石头坐着的时候和站着的时候说出的话是不一样的。

比如有一次,我在语文课上问:"小弗朗士为什么要逃学?"

小石头的大嗓门立刻亮了出来:"这还用说,学校有什么好的,枯燥乏味,外面的世界很精彩。"他的怪腔调引得周围的同学哈哈大笑。可是,当我请他起来回答问题的时候,他一本正经地说道:"小弗朗士不懂事,以为学习的机会还很多,他不懂得少壮不努力,老大徒伤悲的道理。我觉得我们要利用好人生的黄金时间,好好学习,将来做栋梁。"

小石头的这个毛病从初一时就有,我告诉他:"说话就要说真心话,说空话、假话、套话就是浪费时间,课堂上每个同学都有言论自由,真实地表达自己的观点,是对大家的尊重。"

可是,小石头显然很不以为然,依然我行我素。他坚持用他的生存法则为自己赢得最大的利益空间。我很好奇他是如何找到这套生存法则并且坚信不疑的,他不肯说。只是有一次作文练习时,他写了他的小学生活,一个落后闭塞的学校,一个简单粗暴的老师和一个学习着保护自己的孩子。有人形象地将传统教育归纳成16字:限其自由,令其惧怕,伤其体肤,挫其自信。小石头接受了5年这样的教育,第六年,父亲将他带到苏州。环境改变了,但是,有些东西却很难改变。瑞士教育家裴斯泰洛奇说:当我们使青年人摆脱了恐惧、约束、压抑,我们才可以向他们自由、全面地展示一个知识的世界。

小石头正在成长,我希望有一天他终究可以忘记恐惧,在自由的时空里自由地表达自己,展现自己。我也希望我们的教育可以给孩子足够的安全感,足以令其说真话、说实话,不用整天担心是对还是错,是得奖还是受罚。

> **第十二篇**
>
> 老师的爱应该像太阳,温暖每一个孩子。

打开心门的钥匙

他长得不好看,黝黑的脸,上面长了许多白色的斑,显得很脏。一双小眼睛隐在镜片后面,总是低垂着。他一动不动地坐在我对面,没有表情。他不聪明,成绩总是倒数。他不强壮,经常被调皮的同学作弄。他不善言辞,被同学欺负了也不敢告诉老师,怕被更厉害的欺负,也怕自己说不清楚。

他是一个黑暗中的孩子,从不希望引起他人注意,却总是被人捉弄。

他几乎不说话,偶尔点头或者摇头。我陪他做箱庭游戏,他往沙子里放玩具,一个壮汉、一个男孩和一个婴儿。起初,他抓住壮汉的身体,让他去攻击男孩,男孩很快倒在了沙堆里。然后,他放下壮汉,抓起男孩,用他去攻击婴儿,他让那个男孩又打又踢,直到把婴儿埋进沙堆。

他忽然很高兴地笑了,冲着我说:"真好玩。"我鼓励他多玩一会。

"真的?"他惊喜地看着我。

我点点头。

他把婴儿从沙堆里挖出来,开始新一轮的打击。

可是,渐渐的,他的动作慢了下来,他把婴儿扔在一边,另一只手抓住了壮汉。他变得紧张起来,呼吸急促,过了好一会儿,他试探着伸出右手,让男孩轻轻打了壮汉一下。壮汉当然没有反应,他得意地大笑起来,更用力地打击着壮汉,直到把他埋入沙堆。然后他开始和我说话,说他在生活中怎样被人欺负,说他怎样欺负别人。他说他没有朋友,他说自己被欺负的时候,很多人就在旁边看热闹。他说没有人喜欢他,老师也不喜欢他。

他说着说着就哭了。他说自己不好,所以大家都不喜欢他。

我看着他,认真地说:"我喜欢现在的你。你很诚实也很勇敢。"

他有些害羞了,泪珠儿还挂在腮边,一个微笑已经在嘴角绽放。

我看着他,有些心疼。一个聪明健康美丽的孩子更容易被人喜爱,一个反应迟钝难看的孩子更容易被人讨厌。这就是偏见。知道自己被讨厌着,所以不愿意说话,心门关紧了,用铁棍是撬不开的,你需要找到钥匙,而这钥匙,就是爱。老师的爱应该像太阳,温暖每一个孩子。

苏霍姆林斯基说:要像对待荷叶上的露珠一样小心翼翼地保护学生幼小的心灵。晶莹透亮的露珠是美丽可爱的,但却十分脆弱,一不小心,就会滚落破碎,不复存在。学生的心灵,如同脆弱的露珠,需要老师加倍呵护。

第十三篇

驯服就是建立联系,是否与自然建立联系决定了我们对待自然的态度。

驯　　服

周六去香雪海赏梅花。阴天,偶尔飘着些小雨。润湿的空气里,满是梅花淡雅的香味。嶙峋的枝干上,点缀着或白或粉或黄的花朵儿,向我们展示着生命的干寂和柔媚。我深深地呼吸,沉浸在清甜的空气里,感受着生命的美丽,整颗心像湖中的小舟荡漾着,荡漾着……

突然,一个再熟悉不过的声音从身后传来。"是什么样的人,在如此美景中还有心思'切西瓜'(一种游戏)?"我想。

还没等我回转身,一个男孩一边专心"切西瓜",一边越过我往山下走去。一个女子,看似是他的母亲,小心地挽着他的手,时不时看看男孩,脸上没有任何表情。

我看看四周围,梅花灿烂地开着,每一朵都像一个小精灵,完美无瑕。微风里满是醉人的芬芳。

可是,那个男孩,一心玩着"切西瓜",什么都没有看见,什么都没有闻到。他大概是被强迫着来到这个满是花草树木的"无聊"地方的,他玩着手里的小游戏,心里大概还想着电脑上装的大游戏。他拒绝抬头看看这个美丽的地方,一心想着快点回家,家里有电视,有电脑,有让他快乐的现代生活。

《小王子》里的狐狸对小王子说:"只要你驯服了我,我们就彼此需要了。对我而言,你就是独一无二的。换而言之,我对你也是独一无二的。"小狐狸向小王子解释说,驯服就是建立联系。

我小时候在农村长大,那时候的四季,我们不是经由天气预报而知道,而是我们自己在风里发现,在土里看见。风儿暖了,田埂上小草冒出来了,蒲公英花开了,各种各样的花开了,那是春天来了。屋里热了,夜晚到来的时候,天空里的星星密密麻麻,人们开始摇起了蒲扇,那是夏天来了。小山坡上的乌鸦叫得特别响亮,沉向山那边的太阳愈来愈红、愈来愈大,地里的南瓜也像太阳似的又红又大,这是秋天到了。晚上的时候,风开始发怒了,吼叫着从窗边穿过,奔到更深更黑的夜里,忽然的,到处白茫茫的了,这是冬天到了。

我是被自然驯服过的,它的一切对我而言,都是有意义的。一棵草、一朵花、一只蝴蝶的出现都让我莫名的欢喜与感动。看不见它们,我会想念;看见它们被伤害,我会伤心。

可是,这个"切西瓜"的男孩,他被游戏驯服了,被电视驯服了,被电脑驯服了。他会怀念风里四季的信息吗?他会在乎一棵草、一只蝴蝶的命运吗?

朋友C在空间里写了一件事,发生在她上五年级的女儿的学校里:两个女孩闹矛盾了,其中一个为了向另一个示威,当着她的面虐杀了一只小猫。震惊之余,我不禁想到,这又是一个没有被自然驯服的女孩。

对于这些没有被自然驯服的人,花草虫鸟都不过是没有意义的存在吧?他们为自己打碎心爱的玻璃杯哭泣,却不会为一只受伤的小动物难过。

天行健,君子以自强不息。地势坤,君子以厚德载物。

古人对于自然是尊重且敬畏的,他们以一颗虔诚的心向自然学习生存之道,相处之法。物换星移,随着科技的快速发展,我们知道了更多所谓自然的秘密,在忙着教与学的过程中,反而忘记了真正重要的是建立与自然相爱的联系。

当我们被自然驯服的时候,即使是脚下的微尘也具有了非凡的意义,你就会感受到生命是多么巨大的奇迹,你就会珍惜它,爱护它。而那些残忍的故事,也将不会再发生。

第十四篇

顺应天性,耐心等待孩子成长。

女孩蜕变记

琳琳是个超级女孩。她的脾气很大,比所有的男孩脾气都大。她容易生气,发怒的时候谁都不怕。微微和她是小学同学,她告诉我:琳琳在小学的时候经常把老师气哭,其中还有男老师,厉害吧。

厉害,委实厉害。我在心里说。

琳琳不怕男生,谁要是得罪了她,她就会用暴雨般的拳头解决问题。开学才一个月,男孩子们都成了她的手下败将。

琳琳也不怕老师。有一次,她上课说话。我提醒她:"琳琳,上课不能讲话。"她立刻给我一个白眼,用比我大得多的声音喊道:"我没有讲话呀。"接着又嘀咕了几句难听的话。我又气又觉得挺可笑,这女孩,还真不一般。我说:"那是老师听错了,对不起啊。琳琳没有讲话是正确的,老师误会她了。对不起。"她听了,好像有些不好意思,就不说话了。又有一次,班主任因为一件小事向她提了些意见,她生气了,把一本书给撕了,还把纸屑撒得满地都是。可是脾气一过,她又自个儿把纸屑扫干净了。

老师们渐渐知道琳琳的坏脾气,为了避免在课堂上发生不愉快,大家都关照周边的同学端正自己的行为,不要给琳琳"可趁之机"。

有时她会来我办公室玩,或者问我借一些东西。我就乘机和她聊天:"琳琳,女孩子说脏话多难听啊。以后不说了吧。"她噢噢地答应着,眼睛却看着别处。我一有机会就跟她灌输温柔贤淑、大方可爱的女孩特征,还好,她愿意听我说话,没有扭头就走。

我们的关系渐渐融洽起来,上课点她名字,她也不再一味抗议。有时还知道冲我挥挥手,意思是说:我知道了,你放心吧。

今年她已经初三了,开学一个月了,没见她在课上发脾气。现在每周我都安排一节阅读课,她看书的时候有时专心,有时也会走神,但是没去打扰身边的同学。而且,她能读懂老师的眼神了。这两天学校开运动会,中午的时候,她认真看着比赛安排,下午,她要参加女子 4×100 米的预赛,看样子,她正在研究对手呢。

柳宗元有一篇文章《种树郭橐驼传》,讲一个叫郭橐驼的人,种树很厉害,说只要是他种出来的树,没有不活的,又长得漂亮,大家都争着去买。有人问他种树的秘诀,他说了一句话:橐驼非能使木寿且孳也,能顺木之天,以致其性焉尔。意思是:橐驼我并不能使树木活得长久而且长得很快,只是能顺应树木的天性,来实现其自身的习性罢了。

其实教育也是如此,琳琳的天性外向,急躁,容易冲动。作为老师,在面对她的时候就要有更多的耐心,避免与她发生正面冲突。打个比方,别的孩子一天吃三顿,按时按量,很有规矩,但琳琳是饿了就要吃,没得吃就要闹。那你一开始就得给她吃,等她满足了,再讲一会道理,要不厌其烦。等到她不再担心饿的时候会没东西吃,等到她习惯了满足的状态,她才会反省自己的行为,才会回味老师说的道理。这样,她的暴脾气才算是彻底医好了。

家长也好,老师也好,需要记得的是,当孩子处于满足的状态时,他的吸收能力才是最强的。当孩子大哭大闹,怒火中烧,一肚子委屈时,你可别忙着说教,因为这样做非但没效果,还会闹出后遗症,让孩子和你的关系变疏远了。琳琳不也渐渐成淑女了吗?

第十五篇

每个孩子都能够在爱与支持中等到自己开窍的日子。

每个孩子都有开窍的日子

C 在讲她儿子的趣事:他伸出三根手指头,在哼哼:"两个手指头啊,变呀变呀,变成小花猫。"他伸出四根手指头,继续哼哼:"两个手指头呀,变呀变呀,变成花蝴蝶。"他伸出五根手指头,还哼哼:"两个手指头呀,变呀变呀,变成大老虎!"大家都被逗乐了,眼前仿佛出现一个胖乎乎的小男孩,欢天喜地唱儿歌的情景。

我于是回忆起舒乙写的一段文字,大概是说他开窍特别晚,一直到小学四年级之前都比较愚钝,每次考试成绩均属下等。舒乙在文中写道:父亲昵称我为"傻小子",以为一切正常,不必担忧。他经常仔细地观察我,在我各种日常行为中找出许多有趣可爱的细节,还详细地讲给他的朋友听。

C 现在所做的,不正是如此吗?

可是在生活中,又有多少家长能够做到"以为一切正常,不必担忧"呢?

看过一对父子。父亲是一位退伍军人,威武有力,男子气概十足。儿子却生得纤细瘦弱,风一吹就倒的样子。有一次,孩子在学校被人打了,没敢还击,学校在了解情况后通知家长前来处理事件。父亲一脸怒气来到学校,非但没有安慰儿子,反而对着他一顿臭骂。骂他没出息,不像个男人,又接着抱怨自己怎么生出这么个娘娘腔来。儿子自始至终没有说一句话,周围老师都听不下去了,纷纷指责家长太过分。倒是那个孩子,一脸无所谓的样子。这个父亲显然是把儿子当成了另一个自己,无法相信他竟然如此瘦弱、懦弱。我们猜想,在这个孩子的成长过程中,一定听惯了诸如此类的"贬低",所以他能够一脸无所谓地面对来自父亲的羞辱,他一定早已接受了自己的懦弱而不再做任何的抗争,所以才在被人欺凌的时候忍气吞声。只是这位父亲一定还不知道,正是他的评价最终造就了儿子今天的懦弱。

　　强势的家长往往过分高估了孩子的能力,所以无法谅解孩子的错误,他们显然忘记了孩子依然在成长的过程中,依然是一棵需要关注和呵护的小树。曾听一位家长这样说:"我就是要培养孩子的独立能力,所以,我什么事情都让他自己去完成。我经常对儿子说:有事情自己解决,别来找我。"这话乍一听似乎挺有道理,但实际却是蛮不讲理。美其名曰给予自由发展的空间,却又不容许孩子出错,在孩子出现问题的时候,没有安慰鼓励,没有帮助,只是羞辱,只是责骂,结果是将力量一点一点地抽离孩子的心灵,直到他承认自己的弱小并从此认命,一蹶不振。生活中应该还有很多这样的例子,数学特别出色的家长强悍地击垮了孩子学习数学的信心;口才一流的家长偏偏孩子不善言辞;精明能干的家长却有一个不知变通的木讷孩子……

　　过度保护下的孩子,就像温室的花木,在现实的风雨中早早凋零。但是,如果孩子生长在一个没有情感交流的家庭环境里,父母又常常对他们疏于关怀,那么,他们长大以后,就会一直很自卑,并且逐渐形成把逃避问题作为自己处事的方式。美国奥柏林大学校长罗伯特·福勒博士说:"如果一个学生满足自身的愿望被漠视,被压抑,或者满足自身基本需要的机会被剥夺,或者满足自身基本需要的行动不断遭到挫折失败,那么这个孩子的行为便可能出现异常,甚至会产生极端化的破坏性或反社会的行为,走上犯罪的道路。"

　　在动物世界中,最勇于挑战危险的小老虎,一定是受到虎爸虎妈细心保护的;胆小怕事的,通常都是失去了虎爸虎妈保护的可怜的小崽。作为家长,能够在孩子需要的时候及时出现,让孩子感觉到父母是他强而有力的依靠,我想,不需要太多的说教,他自然就有勇气去面对困境。舒乙在父亲的爱与支持中等到了自己开窍的日子,在文章的最后他这样写道:"就这样,我在父亲不是教育的教育下,渐渐开了窍,由倒数第一变成正数第一,这就是我的开窍的日子。小学毕业,我考上了重庆南开中学。"

第十六篇

走自己的路,首先得明白自己是个怎样的人,有怎样的志趣爱好、能力所在。

走自己的路

"走自己的路,让别人说去吧。"但丁的这句话被很多人引用过,但是否每个人都深得其要义呢?

有一天,我的一个学生在上课的时候,书本也不翻开,自顾自拿了一本字帖,开始练字。我讲了一节课,他练了一节课。

课后我找他聊天。

他的第一句话是:"走自己的路,让别人说去吧。"

我微笑着问他:"可以告诉我,这是一条怎样的路吗?"

他振振有辞地回答我:"我觉得学语文没用,对我没有任何帮助。"他很快又补了一句,"语文学到四年级就足够用了,以后在课堂上学语文就是浪费时间。"

我听了有些耳熟,想起他上周借了本韩寒的《三重门》,心里有些数了。

"你还没有告诉我,那是一条怎样的路呢?"我追问。

他不说话了,努力思考着什么。

我想他其实对于自己的未来还没有认真的考虑,所以才回答不出来,就说:"韩寒也说过类似的话吧?"

他本来紧绷的脸忽然放松了,"是啊。"他说。

"那么你是准备走韩寒的路,让别人说去了?"我问。他沉默了。

其实,我心里很清楚那不会是他要走的路,他的家境贫困,父母生活很艰辛,他说过要改变自己的命运,努力学习,上高中,考大学。他的青春远比韩寒沉重。韩寒走的路不适合他,我想他很明白,但是和多数年轻人一样,他不自觉地被叛逆的思想、奇特的行为乃至令人瞩目的生活方式所吸引,并且以能够模仿为傲。

"对于不得不做的事,坦然面对,并且努力把它做好。"我说。他笑了,这是我们经常在课堂上念叨的一句话。

走自己的路,首先得明白自己是个怎样的人,有怎样的志趣爱好、能力所在。荀子在《荣辱》中写道:自知者不怨人。因为自知,故可以致力于自己喜欢的事,终有所成!

第十七篇

孩子信任你,你就有机会帮助他们处理危机。

怎一个"打"字了得

他是在下午第一节课过半的时候来办公室的,满脸通红,情绪激动。

"老师,我是借口上厕所出来的。"他向我解释。

我示意他坐下,但是他不肯,抹着额头的汗,着急地说:"可不可以借我打个电话?"

种幸福的人

　　我点点头,什么也没问,将电话递给他。他往门外走去,急急地拨通了电话,对着电话那头气鼓鼓地说:"我被人打了,你明天叫人过来……"

　　后面的话我没有听见,但是,我已经明白发生了什么事。好一会儿,他走进来,将电话还我。

　　"你相信老师吗?"我问。

　　"不相信我就不过来了。"他说,情绪依然很激动。我示意他坐下,给他倒了一杯水。他接过杯子,沉默了一会,我看着他呼吸渐渐平稳了,才问:"可以说说吗,什么事情?"

　　"我们班的一位同学叫人将我打了。"他说,停顿了一下,看看我,又说:"我刚才打电话给我哥了,让他明天带人来帮我打回他。"

　　"这样啊。"我看着他,想了想,问:"然后呢?"

　　他奇怪地看着我,"就是打人啊。你不是让我告诉老师吧。不行!他只会批评我,而且告诉他根本没用。同学中这种事情很多的,我们都不会告诉老师,告诉老师只有更倒霉。"他的声音里有些无奈。

　　"所以你叫外面的人来帮你?"我说。

　　"是啊,我们都这么做!"

　　"然后会发生什么事呢? 他被打了,然后又叫一帮人来打你,然后你再去打他。这样的争斗永无休止,而你们两个不但都有可能受伤,而且会有一系列令人不愉快的结果出现:成绩下降,老师批评,父母指责……"

　　他抬起头,眼神中有愤怒更有无助,"我都知道,可是,难道就这么算了吗?"

　　"不如这样,把那位同学叫来,我们一起谈谈,把误会解开,结束争斗,好吗?"我说。

　　他没有犹豫,很爽快地答应了,"我相信你,老师,我听你的。"

　　放学后,我见到了他和那位同学,在一次并不十分紧张的谈话后,他们的误会与仇恨很快消除了,笑容同时出现在两个人的脸上。本来就没有什么大不了的事啊!

　　青春期的孩子,情绪不容易受到控制,具有来得快去得快的特点。掌握他们的情绪特点,因势而动,就可以帮助他们解决纠纷,避免恶性事故的发生。当然,前提是,他们信任你,当危机出现的时候,他们愿意告诉你,让你参与其中。

而得到学生信任的唯一方法,就是持续的爱与关注!

第十八篇

孩子叛逆勇猛的行为背后往往隐藏着一颗脆弱自卑的心。

"雕刻"自己的孩子

社会心理学家说:"人是趋利避害的动物!"一个人做一件事,自有他认为值得做的理由。

小Q神神秘秘地对我说:"老师,我们班里好几个男生都在手臂上刻字呢,血淋淋的,好吓人!对了,他们的成绩都超差的!老师,你说他们是不是心理变态啊!"

起初,他们都不愿意给我看,笑着推托:"老师,我们是开玩笑的呀。已经什么都没有了。"只有T给我看他的手臂,刻的是某个女孩名字的首字母,歪歪扭扭的字,血淋淋的实在不好看。他坦诚地,甚至有那么一点小骄傲地告诉我,这样做是为了显得自己有男子汉气概,当然,更重要的是要让那个女孩知道,自己多么喜欢他,多么勇敢。他说:"我就是要她知道,我愿意为她流血!"

大概是受到了他的鼓励,后来又有几个孩子给我看他们被"雕刻"的手臂。在他们各个不同的理由背后,居然隐藏着一个相同的目标:证明自己的存在是独特的。真有意思,他们竟然用同一种方式证明自己的独特!难道他们不明白,人本来就是独一无二的个体存在吗?

这些孩子啊,居然在这样的行为里,获得了某种奇特的优越感:"我敢做,你敢吗?"他们不但"雕刻",还故意大声爆粗口,刻意制造争斗。他们用这种方式向"好学生""乖学生"宣战!

　　因为他们没有令人骄傲的成绩单可以炫耀!因为他们不甘于被忽略、被轻视!

　　从小学到初中,有多少孩子在分数的战争中成为"失败者"呢?激烈的竞争机制,没有生命的阿拉伯数字,无情地摧毁了一些孩子对生活的希望。长久的压抑让他们选择了一些错误的方式进行宣泄,在叛逆勇猛的背后,往往藏着一颗自卑脆弱的心。

　　有一个著名的实验——《鲨鱼与鱼》:人们将一只最凶猛的鲨鱼和一群热带鱼放在同一个池子,然后用强化玻璃隔开。实验人员每天都放一些鲫鱼在鲨鱼这边池子里,可是,鲨鱼还是会不断冲撞那块看不到的玻璃,想要捕食热带鱼,结果当然是受伤。一段时间后,鲨鱼就不再冲撞那块玻璃了,对那些斑斓的热带鱼也不再在意,好像它们只是墙上会动的壁画,它只是等着每天固定会出现的鲫鱼。到了实验最后的阶段,实验人员将玻璃取走了,但鲨鱼没有反应,每天仍是在固定的区域游着。它不但对那些热带鱼视若无睹,甚至当那些鲫鱼逃到那边去时,它就立刻放弃追逐,怎么也不愿游过去

　　分数啊,分数!你就是那看不见的强化玻璃!将可爱的孩子们残酷地分为成功者与失败者!

　　霍尔奈在《我们的冲突》一文中这样描述教育:教育可以在很大程度上帮助我们更清醒地认识自己并发展自己的信念,对选择所涉及的各种因素意义的认识将帮助我们树立奋斗的力量及人生的方向。

　　对于这些"雕刻"自己的孩子,我们能够说他们清醒地认识了自己吗?那么,这样的教育,是成功的,还是失败的呢?

第十九篇

分清善恶，不要用别人的错误惩罚自己。

学会爱，才会幸福

有个孩子，他四岁的时候，爸爸妈妈离婚了。他不懂得什么叫离婚，妈妈不见了他就哭着要妈妈。爸爸凶巴巴地告诉他："妈妈是个坏女人，她不要我们了！"孩子不懂，妈妈怎么会是个坏人呢？但是他不敢问，因为爸爸很凶，还会打他。

孩子不再问，但他的心里却在说："一定是我不好，妈妈才不要我了！"

孩子一天天长大。他上学了。在学校里，就有人取笑他没有妈妈，也有人说他爸爸妈妈的坏话。他渐渐懂得了什么叫离婚。

大概三年级的时候，他被送到了爷爷奶奶家。爸爸偶尔来看他，妈妈偶尔请他去新家玩，但是，哪里都不是他自己的家。他的心里慢慢有了恨，恨父母生下他却不好好照顾他。他羡慕别的孩子有父母疼爱，可以撒娇，可以任性……

学校里老师说，要孝顺父母，要有爱心，他却不愿意相信。他告诉自己："我爱爸爸又怎么样？爱妈妈又怎么样？他们还不是不要我了。我错了，我根本不应该爱他们。老师也错了，不是人人都要孝顺父母的。"他认定过去的自己错了。他开始做自以为正确的事：不爱爸爸，不爱妈妈，不爱任何人。他用冷漠来回应他人的热情，用厚厚的盔甲将自己紧紧包裹。时间一长，他觉得自己的心真的不再痛了。可是他不明白，为什么自己总是不快乐。

为什么？谁知道答案吗？

是的,爱爸爸,爱妈妈,是人之常情。曾经,他付出了爱,却没有得到回应,那不是他的错,是爸爸妈妈的错,他们也许冷酷,也许只是不懂得表达爱,但可以肯定的是,错的是他们,不是那个孩子。但是,孩子看着,感受着,然后,他以为不付出爱才是正确的。他不再爱爸爸,不再爱妈妈,不再爱任何人。他犯错了。一个做错事的人怎么可能快乐呢?所以,他如果要快乐,要幸福,就必须重新爱爸爸,爱妈妈,爱这个世界。

有人说:"我才不这么做呢,凭什么要委屈自己?"错了,做正确的事不是委屈自己,是珍惜自己。因为你只有在为自己骄傲的时候,才会真正感觉到幸福。一个不懂爱的人,是无法拥有真正的幸福的。所以,我要告诉那些抱怨父母不爱自己的孩子:如果你的父母不爱你,那是他们错了!你没有错!你还是要继续爱身边的人,然后你会发现,你的周围有同学,有老师,有许许多多的人,他们都爱你!

第二十篇

教育最重要的目的是培养孩子良好的品行,明辨是非的能力,分数只是阶段性考察的结果。

分数怎能高于一切

最近做了一份调查问卷,其中有道题是这样的:你的老师更看重分数还是品德?参加测试的一共有33人,选择看重分数的有21人。

做完测试后,一位女生问我:"老师,您呢?您觉得是分数重要还是品德重要?"我说:"当然是品德啊。因为优秀的品行会促使一个人不断地完善自我,令其强大而美好。而恶劣的品质却会阻碍人的成长,令其猥琐而丑陋。"她又问我:"那为什么有的老师只看重分数。一天到晚,只会跟我们说：'看看你的成绩，你还有没有自尊心，要不要脸？'而且，有的人靠着作弊得到的好分数居然也被老师表扬！"她看看我，欲言又止。

"怎么了？"我微笑着鼓励她。

"听说还有老师为了提高班级分数鼓励甚至帮助学生作弊的呢。"她说。

我拉住她的手，用力握了一下。

"我知道，你所说的都是事实。但还有另外一种真实：有那么些德才兼备的老师，他们以进德修业要求自己的学生，用爱与学识为孩子们创造出宽广而美好的知识世界，是不是？"

她点点头，眼睛里有泪花在闪动。

"如果一个老师只看重学生的分数，他一定不是一个好老师。至于你说某同学因为作弊而获得好处，我不赞同。要知道，在作弊的同时他已经得到最大的惩罚了：他让自己变成一个没有真才实学的人，一个虚假浮夸的人。还有什么惩罚比这更严重呢？"我摸摸她的脑袋，"记不记得我们曾经探讨过鲁迅先生的一句话：捣鬼有术，亦有效，然而有限，以此成大事者，古来未有！"

她认真地点点头："老师，我一定不会作弊的！"

我赞许地点点头。

我的一位同学，孩子正在上小学。有一天，她很生气地与我讲了一件事："我们小天刚换了语文老师，据说教学水平很高。小天很高兴，第一天看见那位老师就恭恭敬敬地敬礼问好。你猜那位高水平老师说什么？她居然斜着眼睛不屑地说：'少跟我来这一套，我只看你成绩！'你说天底下居然有这样的老师？！还优秀教师呢！"她生气地叨叨了半天，我无言以对。作为教师队伍中的一分子，听到自己的同行做出如此令人不齿的事，心里很难过。

孔子说："幸福是因为找到了正道，快乐是因为满足了欲望。"眼里只有分数的老师，也是有欲望的吧，渴望得到学校领导的认可，家长的赞美，学生的敬畏。只是这样的快乐偏离了正道啊。生活中除了分数，还有许多别的东西，比如健康、交往、理想……这些都离不开美好的品德啊。良好的品行就像是大树的树根，是我们生命健康、人生幸福的保障啊！

记得曾经看过一幅漫画,标题是"教育",画的是一幢严重倾斜的大楼,旁边写了这样一行字:初始就错的教育,楼层愈高危险愈大!

孔子对于好学是这样定义的:君子食无求饱,居无求安,敏于事而慎于言,就有道而正焉,可谓好学也已。

说的哪里是分数,分明是人的品行啊!

第二十一篇

让一个犯错的人回归的唯一途径,就是用爱与善感化他。当他知道什么是美,什么是丑,当他能够做出正确的选择时,魔性才会真正被驱除。

别让弃儿再增加

金钱至上、弱肉强食的人生观,使得各类冒着铜臭味或血腥味的游戏、书籍、影视有更多的机会进入孩子的世界。一些意志薄弱的孩子受不良世界观的影响,成为了学校的小霸王、小流氓,在欺凌同学时非但毫无愧意,还以为了不起。

比如小A,平时向同学收"保护费",在课堂上严重违纪,甚至在某天放学后火烧课桌。他所在学校的老师忍无可忍,警告家长将不准小A毕业,为了一劳永逸地赶跑这个麻烦,班主任建议家长为其办理转学。小A转学了,混得一张毕业证书后,开始了他的漂泊人生。但是,和《上进的志气》中的黄毛一样,小A之后的人生并不顺利。

每年,因为不良行为、超烂成绩被劝离学校的孩子不在少数。从所谓的大局观而言,不能因为一颗老鼠屎坏了一锅粥的做法,似乎合乎情理。但问题是,一个孩子,他怎么可能是一颗老鼠屎?他不过是不良文化的受害者,不过是偏离了正道的调皮鬼,我们要做的,是给予他帮助和爱护,而非放弃。

绘本故事《因为我爱你》中,薛老爹给予每个孩子充分的自由,包括犯错的自由,与此同时,他给予每个孩子充分的爱,无差别的爱。

在这个故事里,我们读懂了孩子犯错的必然(谁不会犯错呢?),但更重要的是,我们学到了对犯错孩子的爱与包容。

与之相反的,一些学校,一些老师,为了提高所谓的平均分、及格率、优秀率,像清除垃圾一样把最需要帮助的所谓"双差生"(品行、成绩双差的学生)赶出了自己的视野。相比薛老爹,这样的人是多么狭隘自私啊!

记得这样一个故事:有个智者,在他的学生即将毕业离开的时候,出了最后一道考题:怎样才能把空地上的杂草清理干净?

一个学生说:"这个容易,放把火把草烧了。"

智者摇摇头。

另一个学生说:"把草连根拔去。"

智者还是摇头。

终于有个学生说道:"在这片草地上种上鲜花。"

智者欣慰地笑了。

所以,当我们对某个孩子的言行失望,当我们渴望改变他的陋习时,最好的方法当然不是将他驱赶,而是要在他贫瘠的心灵上播上爱的种子啊!

这样想来的话,当我们歧视某个孩子、放弃某个孩子的时候,也许世界上因此就多了一份罪恶。当我们接纳、宽容一个"差生"的时候,也许世界上就多了一份美德。

正在热播的电影《西游之降魔》中,玄奘问师傅:"有没有简单点的方法驱魔?"师傅摇头。因为就像除草一样,放火烧,连根拔,都不能解决问题。让一个犯错的人回归的唯一途径,就是用爱与善感化他。当他知道什么是美,什么是丑,当他能够做出正确的选择时,魔性才会真正被驱除。这不简单,因为它考验着我们的耐心与爱心。这很简单,因为我们只需要付出爱。

如果我们确信生命的创造是伟大而神圣的,那么,哪怕他丑陋、猥琐、肮脏、愚昧,我们也将竭尽所能带他到达一个光明、温暖、美好的世界。我想,这是每一个教育工作者的责任,也是每个人的责任,因为我们必须尊重每一个生命!

第二十二篇

我们的教育,只有培养出具有独立人格的人,才算得上是成功的教育,才有可能杜绝愚氓灭美的悲剧。

培养具有独立人格的"人"

一株寿达数百年的古藤萝,所处位置偏僻,无棚无架,连花朵都藏在浓密的绿叶间。这种毫不张扬的生存方式帮助它躲过了十年浩劫。它是季羡林的难友,不说话,却相知相许,让他在余寒未尽的旅途中获得温暖。

但是谁又能想到,以为一切都过去了,以为从此阳光灿烂了,古藤萝却偏偏被人生生砍断,厄运来得如此突然,凭空夺取了季羡林聊以慰藉的无声的知己。他难以承受这样的悲剧,以至于再也不敢走近那条美丽的小路,万不得已时,就闭眼疾趋而过。

有学生提出质疑:"老师,作者太懦弱了,他为什么没有采取任何行动呢?"

马上有人回答:"他看见的时候,藤萝已经被砍断了,他怎么行动啊?"

"难道要爬上藤萝表演自杀吗?"小L的回答惹得大家哈哈大笑!

静下来想想,却又觉得这也许是我们能为藤萝做的最棒的事了!如果那个爬上藤萝的人是季老,第二天的报纸和当天的新闻就一定会有报道,就会有很多人知道这株藤萝的不幸,也许就会有一个保护藤萝的组织出现,也许……

不是所有的行动都会有结果,但是,不行动一定没有结果。

季老当然没有爬上藤萝,新闻当然也没有报道藤萝被毁,保护藤萝的组织似乎也没有出现。季老后来写了一篇散文——《幽径悲剧》,用文字默默地送出了自己的祝福:一株藤萝被毁,总会有新的藤萝出现,一种美被毁,却无法预知何时才能够重建。人们是无法阻止美被毁灭的,只要愚氓尚存在。所以,祝愿这个世界,多一些知美、爱美、护美的人吧!

愚氓的可怕之处在于,他们无法辨析真正的美丑,在他们的世界里,只有命令与服从。他们听从于直接的领导者,砍伐藤萝,甚至砍伐同类,只要一个命令!季羡林回忆自己在"文革"中被贴的第一张大字报:"有一张是给我贴的,内容是批判我的一篇相当流行的散文——《春满燕园》。在贴大字报的'小将'们心中,春天就象征资本主义;歌颂春天,就是歌颂资本主义。我当时实在是大惑不解:为什么古今中外人士无不欢迎的象征生命昭苏的明媚的春天会单单是资本主义的象征呢?以后的十几年中,我仍然不解;一直到今天,这对我依然是一团迷雾。我的木脑袋不开窍,看来今生无望了!"季羡林不懂,难道那些贴大字报的"小将"就懂得了吗?我想,他们只是听从、服从罢了!相比"懂得",这似乎既不费力又很讨好!(这种便宜想法,至今仍存在。)

把丑当成美,如果不是心理变态,必定是功利心作祟。能够堂而皇之让"丑"登堂入室的,却是那些没有辨识力、没有思想、忠心耿耿、惟命是从的愚氓。"伟人"以为丑的,他不遗余力地消灭,"伟人"以为美的,他竭尽全力宣扬。可叹,"伟人"也只是一个"人",他也有犯错误的时候。一个人的错误被一万人、一万万人,甚至更多人执行,将有多么可怕!

南怀瑾说:一个真正有文化、有思想的人,才能够独自站起来,不跟着社会风气走,自己建立一个独立的人格。

我想,我们的教育,只有培养出具有独立人格的人,才算得上是成功的教育,才有可能杜绝愚氓灭美的悲剧!那样,即使厄运来袭,亦能挥手弹去乌云,还大地以青天白日。

第二十三篇

以乐观豁达之心过好当下的每分每秒,每个人都是成功者。

每个人都是成功者

有一天,我和学生说了一个佛教故事:

林和瑞从小一起长大。林很聪明,学什么都很快。瑞愚钝,虽然十分努力,但总是比林逊色一点。瑞很不高兴,到佛面前去申诉:"佛啊,为什么我每天花费16个小时在课业上,却还不如每天只花6个小时在课业上的林呢?这不公平!"佛回答说:"这是因为你的前世不如林刻苦的缘故啊!"

"你们说,瑞该怎么办呢?"

同学们的回答各不相同。

有人说:"瑞还是赶紧重新投胎吧!"

有人说:"瑞这辈子坚持这么努力,下辈子就能赶上林了。"

有人说:"少壮不努力,老大徒伤悲啊!"

……

前世是昨天,现世是今天,来世是未来。昨天的因决定了今天的果,今天的存在又影响着未来的走向。失去昨天,还可以通过把握今天创造未来;失去今天,却意味着失去了未来。

面对惨淡的现实,你可以选择放弃,也可以选择面对。选择放弃,或者可以得到解脱,但挫败感将伴随你终生。选择面对,也许是更加艰苦的路,但你将在努力中体会到尊严,在尊严中获得自信。无论成功与否,你的生命是充满希望的,是快乐的!

乌台诗案后,苏东坡被贬谪到黄州。当地长官钦慕苏轼才华,将破败的驿站借予他居住。苏东坡提笔写下《书临皋亭》:"东坡居士酒醉饭饱,倚于几上。白云左缭,清江右洄,重门洞开,林峦坌入。当是时,若有思而无所思,以受万物之备,惭愧!惭愧!"

谁能看出他刚走过鬼门关?谁能想到他不但身无居所还在行动上受人监视?因文获罪的他,选择了勇敢面对,以更豁达的胸怀抒写人生,在人生的大难之后,却登上了文学的巅峰!

为什么?因为逝者虽已逝,来者尚可追。以乐观豁达之心过好当下的每分每秒,每个人都是成功者!

第二十四篇

任何时代,任何的教育背景下都会有精英的诞生。很多时候,人与人比的不是聪明才智,而是意志毅力。

面对不堪重负的分数

临近考试,关于课业繁重的话题更频繁地出现在我们的生活中。

好友的女儿在念初三,她在最近的微博里说,忍不住为困在作业堆的宝贝爆了粗口。"寒山闻钟"新出现好几个诉说学生不堪重负的帖子。

班里F同学的脸又开始阴沉,因为又到他最烦最害怕的复习阶段了。为了让F放轻松些,复习开始后,我就和他商量,允许他按着自己的节奏走。如果他没有准备好,可以比别的同学晚些默写。可是,F是很有自尊的孩子,他基本上参与了每一次的默写。只是情绪变化大,顺利时笑逐颜开,不顺利时,比如今天,F默着默着就没了信心,焦虑与厌恶让他的字愈写愈大,愈写愈丑,最后恨不得撕烂了本子。

Q最近很拼搏,已经得了好几个默写满分了。他壮志凌云地说:这次期末要考到班级前 15 名,因为妈妈有奖励(奖品保密)。为此,他连下课都在认真学习。

公车上遇到两个小学生。一个说:"我今天数学 90,你又不及格吧。"被说的那个不服气:"爱因斯坦小时候成绩很烂的。"(最近在看爱因斯坦的自传,这根本是无中生有,不过很多人信。)90 分看看他,不屑地说:"你又不是爱因斯坦。"不及格的赶紧转移话题,说起最近玩的新游戏。90 分屈尊附和了几声,终归很冷漠的样子。两人于是不再说话,各自看着窗外发呆。

分数对于一个孩子来说,究竟有多重要呢?

看着 F 痛苦却又不甘的模样,我的眼前出现期中考结束时他来看分数的样子。他高兴得又蹦又跳,反复地问:"真的吗?真的吗?"那是他第一次考到 70 分。

F 痛苦着努力着,Q 梦想着努力着,不及格的小学生一定也在努力吧,还有其他的许多学生也在努力,为了某个原因。

很久以前听过一次演讲,记得其中一句话:中小学教育就好比地基石,最后是要埋到地底下去的。现在的中小学教师忙着在基石上雕花,还愈雕愈精致,简直是荒谬!

其实演讲者误会了,雕花毕竟还需要想象力,是生动有趣的。现如今,教师们不过是忙着给基石们排个队、亮个相什么的,顺便自己也被排个队、亮个相。教师和学生就是豆和豆萁的关系。"煮豆燃豆萁,豆在釜中泣",只是谁也说不清哪个是豆,哪个是豆萁。

但是,在现实不可更改的每一天里,与其抱怨,不如把这一切当成是对意志力的磨砺吧。电影《少年派的奇幻之旅》的主人公"派"原来有一个很难听的绰号"小便",为了摆脱这个可笑的绰号,派一丝不差地默出满满几黑板 π 小数点后面的数值。在老师和同学的惊呼声中,他成功地摆脱了"小便"这个恶心的绰号,让大家记住了"派"这个富有个性、代表荣誉的新名字。

我不知道他花了多少时间来记住这些数字,记住这些毫无用处却能让别人震惊的数字。但我知道,当大家不再叫他"小便",而是改称为"派"的时候,所有付出的汗水与艰辛对他而言都是值得的。

任何时代、任何教育背景下都会有精英的诞生。很多时候,人与人比的不是聪明才智,而是意志毅力;很多时候,真正的知识来自于比课堂大得多的生活本身。守住对知识的兴趣,护住身体的健康(要知道,在这个世界上没有什么事值得你牺牲健康去换取,也没有任何事值得你放弃兴趣去争取),"路漫漫其修远兮,吾将上下而求索",能够让学生明白并坚信这一点,足矣!

第二十五篇

有人问古希腊哲学家泰勒斯:"你认为人活在这个世界上,什么事情是最困难的?"泰勒斯回答道:"认识你自己!"

我不知道我是谁

在我的办公桌上,有一个可爱的稻草人公主,穿着长长的裙子,有着美丽的长发。她的眉眼都是细细弯弯的,嘴角上扬,总是一副幸福快乐的模样。

班里有个女孩子,每次来办公室,都会把她捧在手里,羡慕地叹息:她好漂亮! 她好幸福!

那个女孩,觉得漂亮就是幸福。再问问呢,又觉得要聪明才幸福,有好人缘是幸福,有钱很幸福,长大后有又高又帅的男朋友是幸福,有美丽善良的妈妈幸福,有英勇能干的爸爸幸福,有老师疼她会幸福,有朋友宠她就幸福……

"哎! 为什么我不能这样幸福呢?"女孩叹息着。

为了得到更多的幸福,她学唱歌,学跳舞。她穿着漂亮的衣裙,还偷偷地化妆。为了得到想象中的幸福,她努力学习,努力减肥,她处处要强。

种幸福的人

可是,当大家都夸赞她的时候,她却怅惘地说:"你们说的那个真的是我吗?可是我一点也不快乐,我羡慕老师桌上的稻草人,只有她才是幸福的。"

她偷偷告诉我:"我觉得别人比我幸福。我该怎么办呢,老师?"

我笑了,找出那本《我不知道我是谁》,交给她。

"老师,你给我看图画书啊,我已经长大了!"她尴尬地看着手里的绘本。

"很好的故事,大人小孩都可以看啊。我也看呢!"

她将信将疑地带着书走了。

这个绘本的主角是一只不知道自己是谁的兔子。为了弄明白自己是什么动物,它学蝙蝠把自己倒挂在山洞里,它学小鸟睡在树上,它吃过蚯蚓,吃过鱼,还有许多奇怪的东西。可是它始终不知道自己是谁。有一天,它遇到一只黄鼠狼,它像之前那样热情地招呼着陌生的朋友。"你好,你吃包心菜吗?"兔子扬起手里的菜叶。

黄鼠狼狞笑着说:"不!我吃兔子。就是你!"

兔子惊呆了:"我是兔子?"

"没错!"黄鼠狼向兔子扑去。兔子本能地伸出大脚,一下就把黄鼠狼踢飞了。

忽然,树下跑出来一群兔子,大声叫道:"英雄!英雄!"

兔子困惑了,它说:"啊?真可笑!我还以为自己是兔子呢?"

兔子还是没能明白自己是谁,它不知道自己爱吃什么,会做什么,甚至不知道危险是什么。这样的它,即使当了英雄又有什么意义呢?

有人问古希腊哲学家泰勒斯:"你认为人活在这个世界上,什么事情是最困难的?"泰勒斯回答道:"认识你自己!"

我们在学校里学知识、学画画、学唱歌、学手工,是不是应该再加一科:认识你自己!你们觉得呢?

第二十六篇

孩子最坦白,只有在做自己真正喜欢的事情时才会开怀大笑。

快乐无罪

在学校,一个功课不合格的孩子的日子并不好过。上课听不懂,但是说话或者睡觉都是不被允许的。如果他胆子够大,大到能和老师叫板,又会被敲上品行差的印章。要是他胆子小,就只能呆滞地端坐着,然后老师会说:"这个孩子虽然成绩差,但是人老实。这样的孩子我也喜欢。"

大概是课上憋得难受,下课时,他们经常大喊大叫,四处乱窜,打打闹闹。当然,如果被严厉的老师看到了,也是要制止的。运气不好的,一整天的课间就只能站在办公室的走廊上了。

终于放学了,到家了,他们还是不得轻松。因为成绩太差,爸爸或妈妈心情很不爽地把他们带去辅导老师那边补课。

有听过家长这样讲:"真想不通他居然还能笑出来,成绩那么差了,还整天想着玩,真不知是没心没肺还是没脸没皮。"家长说话的时候,脸色很难看,甚至不愿意正眼看着自己的孩子。

也听过同事这样讲:"你都无法想象,考试不及格,他竟然还大笑,拿着试卷在教室里疯喊:哇!48分!真是没有羞耻心!"

……

快乐难道有罪吗?

当然,学习很重要。但是,每个人的才能不一样:有人学习好,有人体育好,有人音乐强,有人绘画棒……如果不带偏见地看,每个人都很了不起!

只是,在这个世界上,偏偏有这样一些人,固执地认为只有学习好才

种幸福的人

是真正的好。

想起之前看过的一部电影。主人公是一个叫赵大军的孩子。父母离婚后,他跟着爸爸住。爸爸工作太忙,就拜托表姐怡芬照顾他。有一次,怡芬去参加大军班级的家长会,听老师说大军功课不好,在班级排倒数。回去后,怡芬就建议大军爸爸早些发现并培养大军学习之外的兴趣爱好。可是大军爸爸气愤之余,决定将大军送到美国去读书。"那边的中国小孩读书都很棒,去了那边,我们大军就能重振旗鼓了!"

怡芬听后,愤怒地说:"你们大人怎么都这样,人生又不是只有读书一条路,为什么不能考虑到孩子的感受呢?"

小时候成绩超烂的蔡志忠,在父亲的支持下,15岁就辍学开始他的漫画生涯。请问,他今天所取得的成就,够不够大呢?如果当年他的父亲,不顾他的兴趣爱好,只是逼迫他学习、学习、学习,又会有怎样的结果呢?

追求快乐,是人的本能。可是,一个功课不合格的孩子,甚至被剥夺了快乐的权利。虽然他们中有人喜欢看书,有人喜欢画画,有人喜欢玩电脑,有人喜欢看电影……可是所有这些爱好,因为不能提升他的分数被一一禁止了。谁都知道兴趣是最好的老师。孩子最坦白,只有在做自己真正喜欢的事情时才会开怀大笑。当他大笑的时候,却听见有人说:"你还笑得出来,看看你做的事!看看你的烂成绩!"他是该闭上嘴,除去笑容,让自己患上抑郁症呢,还是吊儿郎当,成为自暴自弃的混混呢?

快乐无罪!与其去抢夺孩子的乐趣,不如帮助他将兴趣转为才能,为他的未来打开另一扇门,那里一定也有幸福!

第二十七篇

老师的职责，一方面是教授知识，另一方面是帮助学生在学习知识的过程中学会生活。做一个学生喜欢的老师还不够，为了孩子们的幸福，我们要像蔡芸芝先生学习，将温暖与爱，分享与美种进每个孩子的心里。

学生喜欢的不一定是好老师

我的一个学生,成绩不好,毕业后进入某技校读书。有一日,他回来看我,十分高兴地说:"老师,你知道吗？我们现在的班主任可好了,上课的时候随我们想玩就玩,还发烟给我们抽。"

我愕然了,无情地质疑道:"一个老师,在课堂上不教授知识,还鼓励学生吸烟,这样的老师,你居然认为他是好老师？"

他愣住了:"这个我没想过啊,就是觉得他和我们没有距离,像哥们一样。"

我认识的一个孩子,平时在学校里调皮过度,家长无力管教,只好在暑假里把他送去一所有名的行走学校(有一个阶段,这类学校很有名,许多管不住孩子的家长纷纷抓住这根救命稻草,把孩子往那里送)。到学校的第一天,他的嚣张气焰就被一顿暴打给浇灭了。后来他给我讲:"老师,我告诉你吧,我可崇拜他了,一皮带就把我抽晕了,真带劲！"

我愤怒了:"一个老师,解决问题的方法居然是一根皮带,而你居然还崇拜他的暴力行为？！"

他不以为然:"老师,你不懂的,男人之间,就应该用拳头解决问题。"

没错,他一直努力练身体,因为他相信力量,崇拜力量。

一般而言,学生会更喜欢和自己志趣爱好相似的老师。比如上文的两个孩子,一个不爱学习,一个有暴力倾向,各自遇到了一个和自己差不

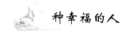

多的老师,自然喜欢到不行。

开学第一课,教魏巍的《我的老师》。学生感慨地说:"蔡老师真是个好老师。"

蔡老师温柔慈爱,从不打骂学生。她个性活泼,热爱生活,乐于和学生们分享假期中的美好时光。她用唱歌的音调教孩子们读诗。她细腻敏锐,了解孩子的心理,在孩子需要的时候及时伸出援手……这样的老师,学生怎么会不喜欢?

三类老师,都有学生喜欢,但只有蔡老师的学生才是真正幸福的。她教会他们爱,带他们领略他们生命中的美,让他们懂得分享的快乐。我们可以想到,这些孩子得到的温暖与满足,能够引领他们快乐地过好每一天。而放纵、暴力教师的学生就没那么幸福了,他们本就携带的坏习惯,将在老师的鼓励和示范中变得愈来愈严重。无论是无节制的自我放纵,还是盲目的暴力崇拜,这种狭隘和偏激将成为他们人生的暗礁,令其陷入可怕的危险之中。

老子不赞成用好坏、美丑来划分人群,主要是因为美丑实在太过于主观。你所以为美的,他人不一定以为美;当代所以为美的,后世不一定以为美。而且一旦你认定了所谓美的标准,必然会因为看见丑恶而愤怒、痛苦。既然如此,何不放开胸怀,兼收并纳呢!所以老子说:圣人处无为之事,行不言之教!

但是,老子的世界是理想的世界。世上毕竟宽容者少,苛严者多,人们还是喜欢与温暖有爱、有能力、有担当的人做朋友。如果你学无所长、无力担当,又习惯用拳头解决问题,试问,你又如何自在舒畅地生活呢?

老师的职责,一方面是教授知识,另一方面是帮助学生在学习知识的过程中学会生活。做一个学生喜欢的老师还不够,为了孩子们的幸福,我们要向蔡芸芝先生学习,将温暖与爱,分享与美种进每个孩子的心里。

第二十八篇

学会尊重真实的人性,诚实地面对自己的私心与欲望,能够理解和接受他人合理的私欲。

那些上不得台面的想法

中国的教育,算得上是一种圣人教育。故事里充斥了自我牺牲、无私奉献、顽强坚韧、无所不能的完美人性。学得多了,自己哪怕有一点儿自私自利的小想法都不好意思说出来。

丰子恺在文章里骂成年人:大人间的所谓"沉默""含蓄""深刻"的美德,全是不自然的、病的、伪的!

其实,生活是最好的老师,当人们发现说漂亮话才对自己有好处的时候,很多人是不介意说说的。当然,如果有一天人们发现说真话对自己有好处,他们也是不介意说真话的。

八年级语文课本中有一篇小说《窗》,作者是澳大利亚的泰格特。小说讲述了这样一个故事:在一个极其狭小的病房里,两位无法行动的病人,一位靠窗一位不靠窗。靠窗的病人虚构了一个美丽的窗外世界与病友分享,却因此激发了病友的嫉妒心,最后竟演变成强烈的恨。为了得到这个窗户,不靠窗的病人间接地结束了病友的生命!

向往自由,渴望拥有美好的生活,是人的本性,哪怕只是用眼睛透过窗户看见这样的生活。拥有这样的想法并不需要感到惭愧,尤其当对方是你真正的朋友的时候。你完全可以向他提出自己的愿望。可是,不靠窗的病人没有说出自己的真实想法,而是任凭嫉妒占据自己的心灵,以至于无法收拾,犯下泯灭良心的罪行!

掩藏在心底的自私自利远比表现出来的自私自利可怕!

复旦医学院研究生黄洋被毒杀了,90年代初才貌双全的清华女生朱令遭铊中毒……这样的悲剧给人造成的伤害已经无法用心痛来形容!

在小说《窗》里,那位靠窗的病人通常被形容成品德高尚、热爱生活、坚强乐观的了不起的人。事实真是如此吗?不尽然吧!

在我看来,靠窗病人的行为是不妥的。一方面,他对生活的热爱促使他创造出一个充满生机、无比美丽的世界。这个世界像电影中的影像投射在光秃秃的墙上,让他沉醉其中,同时也让听他口述的病友陶醉。另一方面,幻想出来的世界完全代替了两人的回忆,成为两人谈话的几乎全部内容。

他一定没有意识到:当幻想完全取代现实的时候,是非常危险的!因为幻想中的生活总是比现实更美好,因而也更容易激起听者的嫉妒心!他成功地做到了这一点,偏偏又不能及时察觉病友内心的可怕变化,所以,悲剧发生了!

他失去了宝贵的生命,而他的病友或许也将永远生活在良心的谴责中了。

庄子说:圣人不死,大盗不止!

我们敬仰真正的圣者,但是,当所谓圣人只是沦为一个称号,当人们对于圣人的学习只是止于言,(反观社会现实,不正是如此吗?)那就会变成:所谓圣人就是大盗的同伙。他们一起盗走人们的真与善,留下伪与恶!他们一起披着圣人的外衣,做着龌龊的勾当!

学会尊重真实的人性,诚实地面对自己的私心与欲望,能够理解和接受他人合理的私欲,这才是真正的教育啊!所以,在告诉孩子们大爱大义的时候,我也会告诉他们,有缺点犯错误都是正常不过的,我们只是凡人。对自己可以有要求,但是不要苛求!我们可以有追求,但是不要假装追求!

> **第二十九篇**
>
> 至于那些被道德说教束缚手脚限制思想的孩子,因为缺少这样一个内化的过程,反而无法真切地体会到人与人之间的联系,逐渐变得冷漠,甚至不懂得爱。这样的孩子长大之后,一旦有能力挣脱所谓的道德束缚,就会以极端自私冷酷的态度对待这个世界。

味道要自己品尝

最近天热,就窝在家里看视频。于是在优酷上看到《林清玄给孩子们讲自己的作家梦》,整场演讲,孩子们笑得开心极了。尤其是林先生讲到小学一年级时和同桌女生的斗争:有一次午睡,林无意中让手肘超过了"三八线",当他醒来后,惊恐地发现自己衣服的袖子不见了。同桌的女生冷笑着将袖子扔到林的身上,说:"没有剪掉你的手已经很好了。"林不甘受欺负,但面对比自己高两头的女生,他无法斗勇只好斗志。之后的某天,他找到一只大蜈蚣,得意地将蜈蚣装进信封,偷偷放进女生的课桌里,想要吓唬她。谁料这个女生居然是吃蜈蚣的。林的报复失败了,还白白送给女生一顿美餐。林不服气,终于,在三个月后的某天,当女生趴在桌上睡着时,林拿出准备许久的剪刀,剪去了女生的一条辫子。讲到这里时,孩子们的笑声就变得很大,有稀稀落落的掌声响起,林停下来,看看大家,然后说:"想要鼓掌就鼓吧!"

哗啦啦的掌声欢快地响了起来!

哎!我们的可怜又可爱的孩子!

因为我们从小接受的就是圣人教育,我们认为坚守美德才是做人的根本。好孩子是需要以德报怨的。好孩子在遭受到不公正的待遇时,还是要秉持美好的品性。比如好孩子被人打了,可以告诉老师,但是不可以打回去！（可是老师是不会帮你打回去的，所以，要做好孩子就要习惯受委屈！）

小时候又想做好孩子，又不想受委屈，总是苦于无法两全。所以当孩子们听到被老师们尊重的林先生小时候居然有仇报仇时，真是大快人心！他们忍不住要鼓掌，却又被传统的思想束缚，不敢鼓掌，所以要等林先生说："想鼓掌就鼓吧！"大家得到了鼓励，才心满意足地释放了内心的愉快！

儿时率真直性的行为是不是要用道德说教去限制呢？

心理学家的观点是：过早对孩子进行道德说教会使其生命力得到阻碍和压抑，导致早衰。

但有人担心了：这样做，会不会让我们的孩子变得很自私？变得很坏？

其实不必担心。小时候能力有限，就算自私地为自己打算，对别人造成的伤害也是极小的。女孩被剪了辫子当然会伤心，但是也就懂得了害人终将害到己的道理，下次与人相处就不敢蛮横了。林看见女孩伤心，也会明白看着别人难过自己也不好受。所以他才会在故事的结尾说："我小时候就看见人与人之间隔着一堵墙，让大家都不快乐。我于是就想改变这一切。我所做的，就是多写一些温暖美丽的文字。"这些看起来不妥的行为，却让两个孩子都得到了更好的成长。而且这种亲身体验得来的思想，会成为他们心灵的一部分，塑造他们的美德。

至于那些被道德说教、束缚手脚、限制思想的孩子，因为缺少这样一个内化的过程，反而无法真切地体会到人与人之间的联系，逐渐变得冷漠，甚至不懂得爱。这样的孩子长大之后，一旦有能力挣脱所谓的道德束缚，就会以极端自私冷酷的态度对待这个世界。

自爱是人的一种本能。因为爱自己，所以会有动力让自己愈来愈好。爱自己的过程也正是发现自己的过程。但是，总是按照别人的要求生活的孩子没有时间也没有机会去认识自己。张德芬女士说过："人所有受苦的根源就是来自于不清楚自己是谁，而盲目地去攀附、追求那些不能代表我们的东西。"

道德说教就好像给孩子两个苹果，告诉他 A 是甜的，B 是苦的，所以绝对不要吃 B。可是，如果不知道什么是苦味，又怎能知道什么是甜味呢？

第三十篇

是的，没有助力器的"我们"会落后，但只要少几次停留的时间，我们一样可以走在前面。

助力器

坐着公交车去上班，不过是早上 7:00 左右，路上已经充满漠然的人群，车里一个漠然的我无知无觉地望着他们落后，又在站台赶超。

车子停下了，是红灯，我的旁边堆积了很多像我一样匆忙着赶去上班的人们，大家已经没有力气去咒骂什么，只有不安分的手拍着，不安分的脚颠着，人们用这种方式述说着心中的焦急与不满。

一个中年女子，瘦削的身子骑在自行车上，试图把踮着的脚放上踏脚板，车子抗议似的摇晃着，她却不甘心，不厌其烦地反复，她看来真的很着急。

红灯开始闪的时候，她第一个冲出斑马线，努力地踩着，车轮不情愿地滚动着，但渐渐快了起来。这时，我们的车还没有发动。

有性急的人跟着冲出了斑马线，绿灯了，人们向前涌去，我们的车也发动了。

原本很显眼的她，很快失去了第一的位置，被人潮淹没，我们的车呼啸而过，将她远远地甩在身后。

忽然奇怪地联想到了我们的人生。

最初，我们都是在同一个起跑线上，赤裸裸地来到这个陌生的世界，开始第一声啼哭。不过接下来的旅程呢？

有人用双脚走路，有人骑车，有人开车，有人开飞机，有人搭乘火箭。

我眼中不自觉地又闪现了那个中年女子瘦弱的身影，她努力地踩着她的自行车，拼命地向前赶着，但是很快有电动车超过了她，摩托车超过了她，汽车超过了她，她努力又怎么样，永远也不可能得到第一。

那么人生，真的是这么的不公平吗？

出生在富裕家庭的你和出生在贫穷家庭的我，怎么可能跑得一样快呢？要知道，你有助力器，而我却只有双脚。

一个熟悉的身影在车窗外驰过，是她吗？我吃了一惊，不顾危险探头看着，是她，风将她淡蓝色衬衣里裹着的瘦小身子拉得更瘦了，她的双脚用力地踩着，不长的黑发在身后飞扬。她的背影中没有我心里的沮丧。

"她超过我了。"我由衷地为她感到高兴。

是的，没有助力器的"我们"会落后，但只要少几次停留的时间，我们一样可以走在前面。

郎咸平介绍自己从小学到大学一直都不是解题高手，所以在学校的学习生活并不顺利。然而，他因此收获了一个成功的秘诀：用积累赢取小概率。这和古人说的"积跬步以至千里"是一样的道理。

慢慢地走，快快地走，都不是最重要的，重要的是，找到让你舒服的节奏，用享受的心情在通向理想的道路上一直走下去。总有一天，你会发现，你所迈出的每一步都是有价值的。

第三辑 智慧点滴

  小朋友顽皮的时候,或者做功课显得很愚笨的时候,我决不举起手来,在他们的身体上打一下。打了一下,那痛的感觉至多几分钟就消失了;就是打重了,使他们身体上起了红肿,隔一两天也就没有痕迹;这似乎没有多大关系。然而这一下不只是打了他们的身体,同时也打了他们的自尊心;身体上的痛或红肿,固然不久就会消失,而自尊心所受的损伤,却是永远不会磨灭的。我有什么权利损伤他们的自尊心呢?并且,当我打他们的时候,我的面目一定显得很难看,我的举动一定显得很粗暴,如果有一面镜子在前面,也许自己看了也会觉得可厌。我是一个好好的人,又怎么能对着他们有这种可厌的表现呢?一有这种可厌的表现,以前的努力不是根本白费了吗?以后的努力不将不产生效果吗?

——叶圣陶《如果我当教师》

  教育方面,宜将儿童所固有文艺家的宇宙观善为保留,一方固须使其获得实际生活所需的知识,一方更须以艺术的陶冶培养其直觉、感情和想象。

——叶圣陶《文艺谈》

第一篇

人生不是目的,它只是一段旅程,但愿每个人都能享受人生的过程,但愿类似的悲剧不再发生。

非此即彼的悲剧

看《红楼梦》,有一回是宝玉挨打,印象很深。宝玉不待见贾雨村,父亲恨他不懂为官之道已经生气。接着又是王府管家来告状,说宝玉拐走了王爷最爱的戏子蒋玉菡,贾政心里害怕,对宝玉不仅生气更恨他不懂事,给家里带来灾祸。偏偏贾环又来造谣,说宝玉和金钏有了私情,现在败露,金钏跳井死了。贾政终于由愤怒而疯狂,唤小厮打宝玉板子,又不过瘾,自己夺过来,咬着牙狠命打了三四十下。结果宝玉伤得极重,几乎死去。想贾政乃养尊处优的读书人,力气大概是比不上小厮的,如何就把宝玉打得面白气弱,由臀至胫,或青或紫,或整或破,竟无一点好处呢?应该是贾政当时已经疯魔,故力气比平时大了几倍不止。

其实宝玉绝对算是个好孩子,人又美丽,心灵也纯净,才思敏捷,与人为善。只因不愿走仕途经济之路,居然就令贾政恨之入骨,以至于骂出"弑君杀父"的话来。不走仕途,不能光耀门楣就是孽子,以后是要弑君杀父的,这逻辑怎么看都显得荒唐。

这种非此即彼的偏激思想,正是悲剧的源头。

不能成功,就是失败。

对学生而言,不得第一,不求上进就是坏学生,非但老师要指责,家长更要教训。

对成人而言,没有房子、车子、票子就不是成功人士,非但要被人轻视,连结婚都要找不到对象的。

最近看到好几起家长误杀孩子的事件,一个三岁的小女孩因为背不出"床前明月光",被亲生母亲误杀致死;一个11岁的小男孩因为犯错被父亲把头按在装满清水的浴缸里进行体罚,结果窒息而死。

我在想,这样的父亲母亲,大概是如贾政似的已经疯魔,丧失了理智,才做得出如此令人发指的事情来。然而,究其背后的原因,不也是非此即彼的极端思想作祟吗?

孩子不出色就等于没出息,不能成功就是失败。没出息的人生,失败的人生令他们恐惧,恐惧被不断放大,终于击垮了理性,酿成悲剧。

二百多年前的卢梭写过《悠闲论》,详细描述了悠闲生活的可取之处。其实,人生路很长,累了停下来喝杯茶、吹吹风、看看天空的时间总是有的。为了所谓的成功拼命压榨自己和自己所爱的人,把人生之路缩小如"一线天",心惊胆战地向上攀援,即使到达山顶又能如何?人生不是目的,它只是一段旅程,但愿每个人都能享受人生的过程,但愿类似的悲剧不再发生。

> **第二篇**
>
> 他的残暴的父亲羞辱了他,但是他不能羞辱给予他生命的那个男人。于是,他选择将身体还给他,一刀一剐,一寸寸,将所有的骨与肉交还给那个给他生命的男人。这样之后,他才能以平等的姿态站在父亲的面前,为他所遭受的侮辱讨还公道。

谁给你羞辱他的权利

下午5点过了,终于等到35路公交车。随着人群默然地上车,很空,我在后排靠窗的一个空座上坐下。车子发动,窗外灯火迷离。

忽然,一个刺耳的声音在车子前座响起。

"老师说你没做作业。"话音未落,一个巴掌已经扇在孩子的脸上。

我惊呆了,像傻了似的看着他们。

"你为什么不做作业?"

"如果不说明天就不要上学了,阿婆不会逼你的。"

大概也就短短的两分钟,那个自称阿婆的人,在小孩脸上连着扇了四巴掌。我觉得呼吸急促,身体发抖。我把包提起,想去阻止这件事。但是,没等我站起来,那个阿婆忽然不说话了,也不打人了。车厢里只听见孩子的抽泣声。

这是一个白白胖胖的小男孩,八九岁的样子,我看见他眼睛里的愤怒和痛苦。那个阿婆是个瘦小的老人,只有一米五左右,操着外地口音。短短的卷发显得有些凌乱,巴掌大的脸上戴着一副小眼镜,紫红的毛衣外套,一件红色马褂,下面是一条蓝青颜色的运动裤,穿一双深色运动鞋。

我盯着他们看了很久,心里觉得很痛苦,为小男孩遭受的羞辱,为阿婆的"权利",为我的没有及时站起来。

我没由来地想到了哪吒。小时候看哪吒割肉还骨的故事,一直不很明白。但这一刻,我忽然知道了。他的残暴的父亲羞辱了他,但是他不能羞辱给予他生命的那个男人。于是,他选择将身体还给他,一刀一剐,一寸寸,将所有的骨与肉交还给那个给他生命的男人。这样之后,他才能以平等的姿态站在父亲的面前,为他所遭受的侮辱讨还公道。

我想到那个杀死自己老师的不满16岁的孩子,他在死亡日记里写着:他恨老师,他恨学校,他恨教育。他有着那么多的仇恨,可是,最初,是谁把仇恨的种子种进他的心里呢?

一个孩子没有做作业,可以有很多方法帮助他纠正这个错误,为什么要当着那么多陌生人的面,羞辱这个孩子呢?

我不知道这个阿婆是怎么想的,也许,她还满以为自己是正确的,她正在严格地管教自己的孙子,她在行使她的"教育权"。我只想说,我的阿婆,她没有打过我,没有羞辱过我,她只是无私地给予我爱,我没有因此而变坏。我很好,我很善良。我知道我的好和善良不是被巴掌打出来的。我知道,因为我的亲人们爱我,我也爱他们,所以我爱这个世界。我因为

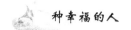

爱而充实快乐。

可是,这个阿婆在干什么,她用响亮的巴掌扇去孩子的自尊自爱,她究竟想让这个孩子学到什么?!

第三篇

我们应该培养出具有大视野、大胸怀的读书人,而不是一个为了好分数而不择手段的功利主义者!

读书人的大视野和大胸怀

周国平说:"我认识一个中学校长,他任职的学校是当地最好的中学。这所学校考上清华、北大的学生多了,考上北师大的算差的。怎么做到的?全封闭管理,两周休息一天。在应试体制下,不这样做,他的学校就会出局。他见我的第一面说:周老师,我们这些人都是历史的罪人,我们将来是要受历史的审判的。"

这位了不起的校长,算是"识时务者"了,然而,视野和胸怀未免"小"了些。因为他不再以"新民,止于至善""大而化之"为己责!因为他不能坚持"达则兼济天下,穷则独善其身"的做人原则!他这种宁可成为历史罪人,也要牢牢抓住错误现在的"勇气",让人愕然!知错而犯错,不知其可也!

上行下效,于是教师队伍中也出现了这样一些人。他们不再以"传道授业解惑"为己责,一味埋首细枝末节,为着有限的分数做着损人不利己的功课。"焚膏油以继晷,恒兀兀以穷年",师生携手没日没夜地苦读、死读。这样的教育,不仅让学生没有大视野、大胸怀,更有可能使老师成为吹毛求疵、狭隘偏执的怪物!

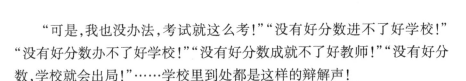

"可是,我也没办法,考试就这么考!""没有好分数进不了好学校!""没有好分数办不了好学校!""没有好分数成就不了好教师!""没有好分数,学校就会出局!"……学校里到处都是这样的辩解声!

那又怎样?!难道这就可以用"犯罪"的方式去谋求"好分数"?!

好多人怪高考,说什么应试教育害得老师的眼睛紧盯着分数。眼睛该盯着什么,心灵该关注什么,可都是你本人的选择!你嫉妒有人就凭着对分数的满腔热情与渴望,在"身不由己"地"自嘲"中成为优秀教师、教师标兵,认为这不公平!你同情有人甘守贫寂,始终贯彻明德守心、学以致用的"大"教育,虽无名无利,却矢志不渝,认为这也不公平!其实,每人对公平与否都有自己的解读,重要的是:你的选择!

杨绛在《人能做主吗》一文中写道:我们如果反思一生的经历,都是当时环境使然,不由自主,但是,关键时刻,做主的还是自己。

平原君要封赏鲁仲连,鲁仲连辞让,并且说:"读书人所看重的,是为人排除患难,解开纷扰而不收取任何报酬。如果有所取,是生意人的行为。我不愿意做这样的事。"他因此辞别平原君,终生不再相见!

明朝的陈继儒在《小窗幽记》中写道:士君子贫不能济物者,遇人痴迷处,出一言提醒之,遇人急难处,出一言解救之,亦是无量功德。

这些都是读书人的选择!

或许有人会说鲁仲连迂腐,说陈继儒自欺。可是我们的社会就需要这样有"良知"的读书人,安贫乐道,厚德载物,自强不息!

百度词条:读书人,代表着追求知识、追求真理的一类人。

我曾问过学生:"你们心目中的读书人是怎样的?"

他们这样回答:书呆子,戴眼镜的,成绩好的,宅在家里的……

读书人被曲解久矣!所以然者,大概是有气节、有气度、有操守、有"良知"的读书人太少了,影响力太小了。

借张载的话结尾:士之读书者,为天地立心,为生民立命,为往圣继绝学,为万世开太平!

这才是读书人应有的大视野、大胸怀!我们应该培养出这样的读书人,而不是一个为了好分数会不择手段的功利主义者!

种幸福的人

> **第四篇**
> 学生乐于做个诚实的孩子,是因为他被教导诚实是好的,是可以获得赞美的品质。

做个真实的人

有个父亲,跟儿子讲《龟兔赛跑》的故事。儿子听完后,很不以为然地说:"乌龟只是侥幸罢了。如果兔子不睡觉,它拼死也追不上的。"

父亲愣住了,但很快,他就打起精神,向儿子传授教义:"乌龟是靠坚持不懈地努力,踏踏实实,一步一步向前爬才取得胜利的。要知道,世上无难事,只怕有心人。"

儿子睁大眼睛,问:"可是,如果兔子没有睡觉呢?"

父亲无语了。

据说,有人给龟兔赛跑的故事加了后续。兔子输了比赛后,很不服气,于是邀约乌龟再一次比赛。乌龟同意了,但是要求由它来选择比赛路线,兔子答应了。这次,兔子没有睡觉,可是当他跑完大部分路程即将取得胜利的时候,一条大河将它与终点永远地隔开了。所以,最后还是乌龟赢得了比赛。

这个故事继赞美乌龟的勤奋努力后,又发现并夸赞了它的聪明才智。

其实,要我说,这两个故事无非说明了,如果你先天比人不足,后天就只好凭借运气了,再不然,就只能使些手段,设个陷阱什么的了。这显然不是个好故事。可它披着励志的外衣,在哄骗那些单纯心灵的同时,也启示了一群"聪明"人,发现了成功的背后是不择手段。

是谁把乌龟放在聚光灯下,光彩夺目的?是胜利。胜利是人人想要的,乌龟胜利了,所以它是真理的风向标。那是因为世人惯爱成功者。乌龟成功了,美德就随之而来。所以好运气成了不懈努力,耍手腕就是聪明才智。

老子说:见素抱朴。意思是一个人的思想观念要随时保持纯净无杂。可是,很多时候,我们的想法常常受到周遭事物的影响,无法保持纯正。

有一次作文练习,一个学生写了这样一件事:学校有领导来视察,正好遇见他,就问了几个关于教师的问题,大致是有否违规行为,他大概是如实回答了,最后因此遭到了老师的批评。于是,他很困惑,到底要不要诚实呢?

孔子说:"故欲恶者,心之大端也。"意思是乐于做喜欢的事情,逃避讨厌的事情,这是人心的根本。

学生乐于做个诚实的孩子,是因为他被教导诚实是好的,是可以获得赞美的品质。他喜欢的是赞美而不是诚实。所以,很多学生为了获得赞美,是会撒谎的。很多时候,成人也会因为私利而选择放弃诚实。只有圣人,才会为了坚守真理而敢于献出生命。而成为圣人的路途漫长又无比艰辛。在这条路上,一些小小的利益总在左右我们的思想,即使是一次表扬和一点点奖励。

犯错几乎是人生的必然,我们能够理解一个人做出有利于自己的选择,但是不愿意看到围观者用冠冕的理由去包装成功者的私利。比如乌龟,当它想尽办法赢得比赛后,我们何不坦诚是好运气和预设的陷阱帮助了它呢?

谎言的可怕之处在于,它披上仁义智慧的外表,诱使人们去追逐,而在这个过程中,那些信守真理的人反而受到了伤害。

假的总是比真的漂亮?在这个假冒伪劣横行的年代,大家应该深有体会吧。

> **第五篇**
>
> 知道自己生活在一个美丽的、善意的世界,孩子柔软的心才不会变得既冷又硬,他的爱才能够源源不断地输出,并且因为这样的生活态度而得到更多的爱的回报。

妈妈的宝贝

记得小时候看《成长的烦恼》,本因为成绩不好,妈妈就把他留在家里为他补习。一段时间后,本的成绩有了提高,可是,新的烦恼又滋生了,同伴取笑他是妈妈的宝贝。本向妈妈述说了他的烦恼,得到了妈妈的理解和支持,重新回到伙伴中间,感觉很愉快。

但是,在现实生活中,实际上很少有孩子能够主动提出不要做妈妈的宝贝。因为人总是需要爱的,并且永远也不会满足。当妈妈把全部的心思集中于孩子身上时,孩子会感觉到温暖、满足和骄傲,为了持续得到这种感觉,孩子会故意讨好妈妈,甚至不惜放弃与他人建立情谊。在妈妈这一面也是如此,为了持续获得孩子全部的热爱,保证在孩子心目中唯一权威的地位,妈妈也会不自觉地讨好孩子,以至于不能坚持原则。

当孩子意识到自己拥有这一特权的时候,就会加以利用。

孩子会认为自己很特别,父母都应该关注他,满足他的每一个需要和要求,好像每个人都是他的奴隶,都要受他的控制,他可能变得颐指气使,不顺心的时候常常发脾气,当父母或其他人反对他时,他甚至会动手打他们。尽管如此,当他颐指气使的时候,妈妈却微笑着服从了他的要求,认为发脾气是聪明的表现,并且故意忽略他的错误行为。

这样的孩子在成长的过程中,尽管获得了妈妈全部的爱,但令人遗憾的是,恰是因为这种严密的并且是不坚守原则的爱,剥夺了孩子从其他人

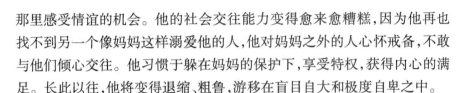

那里感受情谊的机会。他的社会交往能力变得愈来愈糟糕,因为他再也找不到另一个像妈妈这样溺爱他的人,他对妈妈之外的人心怀戒备,不敢与他们倾心交往。他习惯于躲在妈妈的保护下,享受特权,获得内心的满足。长此以往,他将变得退缩、粗鲁,游移在盲目自大和极度自卑之中。

溺爱型的妈妈为孩子撑起一把伞。

智慧的妈妈为孩子撑起一个世界。

溺爱型的妈妈爱自己的孩子,也需要孩子爱她。

智慧的妈妈总能在家庭之外找到让孩子去感受现实中爱与美好的途径。

对陌生人善意的微笑,对弱者真诚的帮助,对那些向自己表达善意的人说出感谢……

关注一棵小草,一朵小花,一场春雨,一阵微风……

知道自己生活在一个美丽的、善意的世界,孩子柔软的心才不会变得既冷又硬,他的爱才能够源源不断地输出,并且因为这样的生活态度而得到更多的爱的回报。

将孩子的爱禁锢在一个家,甚至一个人身上,用尖锐面对这个世界,世界就只能用荆棘回报孩子,用一次一次的伤害坚硬了他曾经柔软的心。

第六篇

他们不知道你是一个多么特别的孩子。你是这个世界上最可爱的孩子。

你是这个世界上最可爱的孩子

电影《火星来的男孩》讲了这样一个故事:一个小男孩,因为古怪的

种幸福的人

性格,不断重复着被收养、被抛弃的经历。在一次次的放弃中,男孩开始坚信自己是来自火星的孩子,地球不是他的家园,地球上没有他的爸爸妈妈。一个科幻作家在这时出现了,他决定收养这个孩子。他爱这个孩子,陪他做火星人的游戏,陪他说火星话。他无条件地包容、完全地接纳、坦诚地面对男孩。男孩逐渐接受了他,答应学着做一个地球人。但是,生活永远被各种繁琐的事情包围着,心情烦躁的他,终于不耐烦地揭穿了男孩的谎言。男孩感到自己被厌弃,伤心地离开了家。

当他找到男孩的时候,男孩哭泣着问他:"为什么他们都要离开我?"

他说:"我不知道。这很复杂。"

男孩不能接受这个回答,他大声地哭泣,问:"为什么他们都要离开我?"

他也哭了,他看着男孩,大声说:"因为他们太愚蠢。他们不知道你是一个多么特别的孩子。你是这个世界上最可爱的孩子,至少在我眼里是这样。我会永远,永远,永远,永远,永远和你在一起。你是我的孩子。"

男孩一头扑进他的怀抱,紧紧地抱住他,因为他知道这个男人永远不会抛弃他。

有一天,我和我的学生们在课间闲谈,不知为何忽然说到了成绩。一个伶牙俐齿的女生指着一个男生,一边笑一边说:"你就算了吧,才200多分,还想考学校?"

那个男生,脸上的笑容还没来得及消退,表情凝固了几秒钟,然后,他还是笑嘻嘻的,指着另一个男生,说道:"你比我还差,你更不要想了。"他的眼睛在那一刻是湿润的,但他却含着泪在取笑着另一个人。

我很是心惊,为他们肆无忌惮地揭人伤疤的残忍。

看着他那张伤心茫然的脸,我认真地说:"其实没有关系。初三才开始,如果你想要提高,还有机会。"

他不回答我,脸上难过的表情却一直没有褪去。

《就爱你本来的样子》是陆可铎的一个绘本故事,故事里有一个小女孩,她的哥哥姐姐都很有才华,只有她什么也不会。可是大家都喜欢她,因为她最善良。

其实,这个世界上的孩子哪个不善良呢?

可是,在学校里,得到表扬最多的是谁呢?善良的那个,还是拿第一的那个?孩子们更在乎荣誉,从幼儿园的小红花到学校里的各类奖状,谁都想要。因为他们愿意成为老师心中的好学生、父母心里的乖孩子。可是,如果一个孩子,不聪明,不机灵,不会唱歌跳舞,不会画画,体育也不出色,就像故事里的小女孩,如果他性格古怪,不合群,就像电影里的小男孩,他们也能够得到表扬吗?如果他们一直被忽略,甚至被取笑,他们还会爱这样的自己吗?他们还能守住那份善良吗?

我喜欢那个科幻作家的回答:"他们不知道你是一个多么特别的孩子。你是这个世界上最可爱的孩子。"

我希望天下的父母都能对自己的孩子说:"我爱你。因为你就是你,你是独一无二的。"

第七篇

荀子说:明达纯粹而无疵,夫是之谓君子之知。故事里的老头子为了快乐而交换,故事里的老婆婆因为爱而信任,这才是明白通达、纯净无瑕的智慧啊。

无忧秘笈

为什么我们在描述童年的时候,总是喜欢用这样一个词语:无忧无虑?

你想过没有,很多人怀念童年,实际上是怀念那种无忧无虑的感觉。所以,让我们用一点时间来分享一些人生无忧的秘笈,好吗?

无忧秘笈第一条:诚实地看待自己。

随着年龄的增长,我们会不自觉地越发看重别人对自己的评价。有时候,会因为别人的一句夸奖而高兴很久;有时候,会因为别人的一句挖苦而闷闷不乐。并且,这个人在你心中有多重要,这种快乐或难受的感觉就有多少。所以,有时候,为了得到这个重要他人的夸奖,我们会故意地按照他的想法去做事,去说话,去生活。可是,如果那是违背你本性的话,那么,你一定会很难受。所以,让自己无忧无虑的第一条:诚实地看待自己。不伪装,不掩饰,直接面对自己的优点和缺点,接纳自己,知道自己是一个什么样的人,知道自己要什么,知道自己怎样才能实现理想。

你有没有想过,童年的我们之所以快乐无忧,是因为我们不伪装,我们真实地生活,喜欢所喜欢的,讨厌所讨厌的。而不是喜欢别人所喜欢的,讨厌别人所讨厌的。

无忧秘笈第二条:不戴放大镜看他人。

当我们还是一个孩子的时候,我们爱这个世界上的几乎每一个人,无论他美丽或者丑陋,富有或者贫穷,聪明或者木讷。我们对世界充满了爱,一个简单的笑容就可以让我们满足,一颗小小的糖果就可以让我们快乐,每个人都是好人,以至于父母有时会紧张地提醒我们:小心坏蛋。可是,孩子的心里是没有坏蛋的。坏蛋,是在我们长大后忽然发现的。我们懂得愈多,发现身边完美的人愈少,对他人的不满就愈多。可是,你有想过吗?人无完人,在这个世界上,最多的是普普通通的人,他们有优点,但是也有缺点。如果你对别人很苛刻,如果只有完美的人才能让你欣赏,那么,你会很不快乐,因为,你将发现,你的身边没有一个人是完美的。

不要戴着放大镜看身边的人,如果你必须戴,请你戴着它去看身边人的优点,这样,你一定会为他们骄傲,为自己有这样的朋友而自豪,这样的你,会很快乐。

无忧秘笈第三条:如果你不是傻子,就成为一个智者吧。

安徒生童话中有一则著名的故事:老头子永远是对的。故事里的老头子用马换了牛,用牛换了羊,用羊换了鹅,用鹅换了鸡,用鸡换了一袋烂苹果。两个英国人听说了这件事,打赌他会因此而被老婆婆骂,赌注是一斗金币。结果呢?英国人输了。你说故事里的老夫妻是傻子还是智者?聪明人不会用马换一堆不值钱的烂苹果,聪明人也不能容忍自己的老公做这样的傻事,但是聪明人为了自己不吃亏,真是绞尽脑汁呀,哪有时间快乐。荀子说:"明达纯粹而无疵,夫是之谓君子之知。"故事里的老头子为了快乐而交换,故事里的老婆婆因为爱而信任,这才是明白通达、纯净无瑕的智慧啊。

做到这三点,我们或者就可以享受无忧人生了吧。

第八篇

爱就是爱,爱不能变成奖励的糖果,也不能变为惩罚的板子。

爱不是糖果和板子

"乖宝贝,妈妈抱抱,妈妈爱你。"

你曾经对自己孩子说过类似的话吗?如果有,那么这一刻,请你问问自己:最近还常说这句话吗?还是随着孩子的长大,你的话渐渐变成:

"××,不可以这样。"

"不可以玩火。"

"不可以弄脏自己。"

"不可以和同学吵架。"

"不可以不听老师的话。"

"不可以看电视、玩电脑。"

"不可以和同学玩。"

"不可以留长头发。"

"不可以看文艺小说。"

"不可以没礼貌。"

……

在每一次说完不可以之后,你是否还记得给孩子一个拥抱,说一声:

"宝贝,妈妈爱你。"还是早已忘记了?

妈妈最爱乖宝宝,所以宝宝要乖,妈妈才爱他。为了让他明白这一点,妈妈把爱当成了奖品,把不爱当作了惩罚。当然,妈妈只是假装不爱,她故意冷淡,语言冰冷,表情漠然。妈妈在心里说:"宝贝,你快认错吧。"可是,如果孩子读不懂妈妈的表情呢?犯了错的孩子沮丧地回到家里,他惊恐不安,比任何时候都渴望得到妈妈的安慰。可是,把不爱当作惩罚手段的妈妈,无情地拒绝了他的渴望,她表现得像一个严厉的陌生人,凛然不可靠近。

在咨询室里,总有妈妈哽咽着对我说:"我那么爱他,可是他为什么那么恨我,连话都不愿意和我说?"

为什么呢?想想看,你是不是那个把不爱当作惩罚手段的妈妈?

在孩子最需要你的时候,你给予他冰冷而不是温暖。可是,你有否想过,孩子乖的时候并不缺少爱,因为人人都爱他。如果你不能在他犯错的时候,给他一个温暖的怀抱,凭什么让孩子认为你真爱他呢?

知道什么是最可怕的吗?孩子要吃、要喝、要玩你都由他,但是,有一天,他在外面闯祸回来了,你忽然板起脸来,呵斥着:"自己犯的错自己承担,不要来找我,我没你这样的娃。"如果你是那个孩子,你会不会怀疑父母的爱?你会不会绝望?

雨果说:慈母的胳膊是由爱构成的,孩子睡在里面怎能不香甜?

爱就是爱,爱不能变成奖励的糖果,也不能变为惩罚的板子。

第九篇

> 缺少知识的智慧如乌云后的阳光,只能凭借依稀的光芒让大树苟延残喘,只有凭借广博知识沉淀出的智慧,才能用他的永恒的光芒滋养大树,令其开出璀璨的花朵,结出丰硕甜美的果实。

谁更聪明

生活中有大智慧,也有小聪明。智慧是知识积累沉淀的结果,聪明通常是指先天资质。因为小聪明而放弃追求智慧,是最可惜可叹的行为。有时候,我们会很遗憾地看到一些聪明的孩子对知识深恶痛绝,他们用各种各样奇怪的手段拒绝接受学校的教育。他们把自己的聪明用于网络游戏,用于戏弄同学,用于欺骗家长老师,并且,他们觉得自己才是那个最聪明的人。

我一直记得我与一位同学的交谈。

他说:"我们班的某某同学真傻。"

"为什么这么说?"我问他。

他说:"我家里有钱,我现在再怎么闹,将来的生活都不会有任何问题。他家那么穷,这样闹下去有什么前途呢?"

他觉得自己比那位同学要聪明许多,真的是这样吗?你们觉得呢?

现在社会上有一个不好的风气,似乎一个人只要有钱就最了不起。仿佛只要舍得花钱,买个比尔·盖茨的大脑也不是件难事。真是这样吗?人生有一点是公平的,无论你是富人还是穷人,大脑的智慧取决于你学习的程度而不是财富的多少。

认为金钱可以买到一切的人,终将会为他这个愚蠢的想法付出代价。

犹太民族有一个广为流传的故事。在一艘船上,有商人,有贫民,有贵族,有官员,还有一个拉比,就是智者。商人炫耀他的财富,贵族炫耀他的显贵,官员炫耀他的权势。只有贫民和拉比没有什么可炫耀的。大海起了风浪,船翻了。历尽艰辛,这群人流落到一个小岛上。贫民很快凭借自己的手艺找到了工作,拉比凭借智慧获得了岛上人民的尊敬,他成为人人敬仰的老师。商人、贵族和官员却因为全无傍身之技,于是流落大街,乞讨偷生。

犹太人用这个故事告诉人民,这个世界上最宝贵的是知识,是智慧,它们将一生与你相随。最没用的是那些身外之物,比如财富、权势和地位,不过是你人生的偶遇,终将逝去。

如果我们是一棵树,我们的目标是美丽的花朵,是丰硕的果实,那么,知识毫无疑问就是我们的根系,知识愈丰富,根系就愈发达,而由知识累积沉淀而成的智慧就是滋养这棵大树成长的阳光雨露。

缺少知识的智慧如乌云后的阳光,只能凭借依稀的光芒让大树苟延残喘,只有凭借广博知识沉淀出的智慧,才能用永恒的光芒滋养大树,令其开出璀璨的花朵,结出丰硕甜美的果实。

第十篇

一件纯粹的商品和一件融合着浓浓母爱的礼物,你会珍惜哪个?

换礼物的分数

小天上初二了,成绩中等,就是在生活中特别任性。他的妈妈说:"这孩子,一点也不知道感恩。今天才买了一部新手机给他,可是,你看,连声'谢谢'也没有。"

小天看着他妈妈,面无表情地说:"谢你干嘛,这是我自己挣的。"妈妈尴尬地笑着,却没有反驳。原来每次考试前,妈妈都要和小天定个协议,多少分可以换多少价值的东西。小天平时懒洋洋地提不起精神,但是为了自己心爱的东西,通常能够超常发挥。妈妈其实挺为自己的好点子得意,但是每次看着儿子拿着自己花大价钱买来的"礼物",既不兴奋也不感谢,心里挺不是味儿的。

"其实我不是心疼钱,我挣钱还不是为了他。可是,你说这孩子,怎么感情这么淡薄呢?不但这样,他还不懂得珍惜。有些东西很贵的,我想想那价钱就心痛啊,可是为了他,我咬牙买了。但这孩子根本不当回事,乱丢乱摔,还说什么我的东西,我爱怎么使就怎么使。"小天妈妈无奈而伤感地说。

我于是想起鲁迅在《五猖会》中叙述的一件儿时小事。那天清晨,一大家子人都为赶五猖会兴奋忙碌着,鲁迅跳着笑着,催大家快点。可是父亲忽然板着脸拉住他,要他新背一段书,两句一行,大约有二三十行。鲁迅说至今记得当时自己背书的声音,仿佛深秋的蟋蟀,发着抖。后来当然是背完了,大家得以去赶赴五猖会。鲁迅在文章最后写道:我却并没有他们那么高兴,一切对我似乎都没有什么大意思。

鲁迅为什么不高兴?因为这一切是背书交换来的。

小天为什么不高兴?因为这一切是苦读交换来的。小天说得没错:"这是我自己挣的!"为什么不珍惜?因为才得到的东西,第二天却发现商场里又有了新款,功能更多,样式更炫酷。

俗话说:种瓜得瓜,种豆得豆。种下的既然是商品交换,又怎能要求对方付出感情?看过一个小故事。有一次,孩子对妈妈说:"妈妈,我想要最新的一款赛车模型,如果我考第一,你就给我买,好不好?"妈妈说:"我考虑一下。不过,如果我给你买了,那是因为我爱你,不是因为你考试得了第一,知道吗?"儿子又问:"如果我考试得了第一名,你给我什么呀?"妈妈微笑着说:"那就给你一个大大的拥抱啊。"

一件纯粹的商品和一件融合着浓浓母爱的礼物,你会珍惜哪个?

第十一篇

恰当的含蓄是美好的,但是含蓄到无法表达自己的情感,无法让所爱的人感受到爱的存在,这样的含蓄会导致可怕的结果。

爱要大声说出口

他是我见过的最聪明的孩子之一。但是,当他被介绍给我认识的时候,是作为父母的耻辱而非骄傲。

初次见面,他并没有像他母亲说的,看见大人就掉头跑。阳光透过窗子照进书房,让人的心情也变得明朗起来。气氛不错。我们不知不觉聊了许多,我渐渐发现,他是个单纯、敏感,甚至有几分幽默的孩子。看着他,我实在无法将他和他母亲口中的"恶人"相对应。虽然,他时不时"扮演"着社会混混的角色:抽烟,讲粗口,斜着眼睛看人。可是,他的笑容是孩子式的,天真而灿烂。

他毫不避讳地和我谈及与父母的关系。他说:"厌烦了整天的唠叨。而且,自己天生就是个坏蛋,改不了的。"(孩子的自我评价主要来自外界,可以想见,这个孩子所谓天生坏蛋的想法来自于重要他人——父母对他的评价。这是一个非常危险的信号,意味着你的孩子认同了你的批判,决定自暴自弃了。)

他的父母是典型的中国式家长,非常爱他。他的妈妈对我说:"家里好吃的一定是先尽着他,漂亮的衣服他喜欢就给买,想要玩什么也尽可能满足他。他所想要的我都尽力满足,这样还不够吗?"他的妈妈眼眶含泪,无法理解自己儿子的"忘恩负义"。"小时候,他是一个十分乖巧的孩子。"妈妈说。

我和他谈话的时候,妈妈始终在客厅里不敢进来,生怕他生气了,又离家出走!

"为什么要离家?"我问他。

"烦啊!"他吐了个烟圈,"反正我也不是什么好人,都让他们不要管我了。"

"哦,怎么个烦呢?"我笑着问。

"还不是老生常谈:这个错了,那个错了,不可以这样,你又错了,你怎么就不像我呢,成天惹麻烦……"说到这里,他忽然笑了,"我妈妈真像唐僧,超级无敌啰嗦王。而且她智商一定很高,凡是我这辈子做过的坏事,她能由一到十到百,再由百到十到一,翻来覆去地说,简直倒背如流。说实话,我对她的景仰那是有如黄河之水一发不可收拾啊。"

……

我不知道在这个世界上,还有多少孩子像他一样,聪明却误入歧途,充满生机但误入泥淖。他们本是多么美丽的生命,也曾让路人驻足轻叹、启颜,也曾让父母将心中的梦想放飞在蔚蓝的天际。曾几何时,小小的天使忽然就成了梦魇呢?

亲爱的父母啊,如果你总是只记得孩子的错,并且数落起来滔滔不绝,对于他的好,又想当然地认为本该如此,从不赞美;如果,你一直以为无需多言,你的行动已经说明一切:你爱他,非常爱他,全心全意爱他。那么,你可能不知道,你孩子心中的感觉其实非常糟糕。"在他们的心目中我只有缺点,我是天生烂泥扶不上墙。他们根本不爱我!"

如果感觉不到被爱,就会失去爱的能力;如果听不到赞美,必将去寻找赞美。

所以他不再爱你,所以他和所谓的不良分子走在一起,因为他们会利用孩子的单纯善良,虚构一个充满义气和兄弟情的世界,吸引这些在家庭中感受不到爱的孩子。

多么可怕的结果!

恰当的含蓄是美好的,但是含蓄到无法表达自己的情感,无法让所爱的人感受到爱的存在,这样的含蓄会导致可怕的结果。

有些时候,我们需要将爱大声说出口。

当你批评孩子错误的时候,不要忘记告诉他:你爱他!

当你的孩子做了正确的事,不要忘记告诉他:你爱他,你一直为他骄傲!

第十二篇

当一个孩子已经开始习惯躲在家里生活,就是敲响了生命萎靡的警钟啊。

爱上孩子成长的每一个阶段

九月,去拜访了七户家庭,五位家长最喜欢孩子的阶段是幼儿期,两位家长最喜欢孩子的阶段是现在。喜欢幼儿期孩子的家长,空余时间一般用来休息,上网,看电视。喜欢孩子目前状态的两位家长,空余时间是怎么安排的呢?看书,骑车,和小朋友出去玩,讨论一些日常生活的问题……

真有意思,喜欢孩子幼儿期的家长,都把空闲的时间花费在家里,并且很少和孩子沟通。喜欢孩子"现在"的家长,则把空闲的时间花费在家外,平时交流也多。家里家外,谈和不谈,真的不过是个巧合吗?

会玩的孩子是不是更会读书,我不知道。但是,他们显然活得更快乐,和父母的关系也更融洽。好玩是孩子的天性。他们来到世界上,对自己和周围的一切都感到好奇,都要探索,玩就是一种探索。即使是不会言语的婴儿,也总是用肢体表述着想要走出家门的愿望。当一个孩子已经开始习惯躲在家里生活,就是敲响了生命萎靡的警钟啊。

玩,不仅仅是走过,而是观察过,感受过,取舍过。

今年开学初,我要求学生以"暑期生活"为主题写一篇文章,那么多同学写了去桂林、北京、洛杉矶等各处玩耍,但是,在他们的文字里看不见景色,只有干巴巴的行踪。从这里到那里,都不过是地名的转换而已。我只能遗憾地想:他们已经丧失玩的能力了。

可是怪谁呢?

多数孩子早就失去了在野地里疯玩的机会,他们只是拘谨地在马路的边边或者小区的某个角落斯文地玩耍。有些孩子甚至连这样的机会也没有。我能理解,因为现实的原因,一些家长没有办法陪着孩子到处游玩,并且外面的世界如此不安全,他们宁愿看见孩子乖乖地呆在家里,捧着书本默默地看。

初一时候学习巴金的散文《繁星》,我说:"看过星星的举手。"只有两只手畏畏缩缩地举了起来。多么可怕的现实,这是一群被关在家门里养大的孩子。因为没有在空旷野地里疯狂玩耍的经历,因为没有在暴雨将来时闻过泥土的腥味,因为没有在春天将近时看过萌发的小草,因为他们的世界里只有自己和学习,那些孩子早就被单调无聊的生活折磨得神经衰弱了。

班里的 H,开学至今,一天比一天不快乐。今天,他终于什么作业都不交了,面对老师的指责,他只是毫无表情地站着,一声不吭。

C 家长说自己的孩子正在读课外辅导班,语、数、外。孩子和家长的空闲时间几乎全放在辅导上,花钱很多。家长的语气里有不满,有疲倦,有无奈。他说和孩子交流的时间不多,因为孩子的学业繁忙。

S 和 C 同学一样报了语、数、外三个课外辅导班,天天补,日日补,然而成绩总是很差,几乎每次都是最后一名。因为差更要补,一张小脸黄黄瘦瘦的,总是看不到笑意。

哎,无法想象,不曾感受过生命快乐的孩子,将来如何幸福地生活!

诚然,生命有太多的无奈,包括我们期望自己的孩子品学兼优,却不得不面对失意的成绩单,包括我们期望和孩子沟通无阻,却不得不面临无话可说的尴尬。可是,生活总是在继续,就忘了多年后孩子要考高中上大学的事情吧,开开心心和孩子过好当下的每一天,抽点时间一起去哪里走走,慢慢找回对生活的满足与喜悦。这样,你会爱上孩子成长的每一个阶段的。

第十三篇

尊严是你对待他人、对待这个世界的态度和方式。

有尊严的人

下班路上,公交车经过一所小学,涌上来一大群孩子。他们像出笼的鸟儿,叫着嚷着挤着。有四个女孩冲到了我前面的座位上。刚坐定,其中一个孩子就从书包里取出一块包装精美,看起来香嫩可口的蛋糕。在同学羡慕的眼神中,她颇为自得地撕开包装纸,带着极为享受的神情,咬了一小口。

她的同学于是问她要包装纸,顺利得到之后,她很快乐地拿手指蘸着包装纸上残留的果酱,津津有味地吃了起来。有个孩子看不下去了,说:"你不至于吧。"她说:"我饿了呀!"说完,她居然开始舔那张包装纸。

我不禁莞尔。忽然想起孟子《鱼,我所欲也》中记录的那个"不食嗟来之食"的读书人,只是因为食物的给予者态度不恭,出言不逊,他就宁可身死而不受。

一样是食物呀,小姑娘和读书人的反应还真是两个极端。

人们对于尊严的理解是多么的不同啊!

韩信忍受胯下之辱,人们夸赞他"大丈夫能屈能伸"。

张艺谋《金陵十三钗》中,那个忍辱负重,为了保护家人而当了日军翻译的父亲,甚至无法得到女儿的谅解。

伯夷叔齐不食周粟,饿死首阳山,后世多说他们迂腐不知变通。宋灭元兴,文天祥宁死不受新君赐,无人不夸其杀身成仁的英雄气概。

"要做个有尊严的人。"在求学期间,我们都听老师这样讲过。于是,我们努力做一个有尊严的人。怎样才是有尊严呢?我听到身边的人这么说：

在学校，考试成绩要好，至少在平均分以上，不拖班级后腿，不被老师点名批评，就是有尊严；在单位，工作业绩要好，态度要好，不被领导点名批评，就是有尊严；在家里，小时候要听话，长大后要有出息，总之要让父母走出去脸上有光，就是有尊严。

然而，这样的评判，却总是会让一群人变得没有尊严。成绩差的，业绩差的，有主见没出息的，这些人，都是没有尊严的吗？我不明白，也无法接受！

尊严，百度词条上这样解释：尊严是指人和具有人性特征的事物，拥有应有的权利，并且这些权利被其他人和具有人性特征的事物所尊重。

尊严就是每一个个体的权利被尊重！是的，只有那些不懂得尊重他人、不懂得尊重这个世界的人，才是没有尊严的。尊严是你对待他人、对待这个世界的态度和方式。

就算你门门功课考第一，如果你嘲笑同学，自私刻薄，你就不是有尊严的人。

就算你日进千金，如果你为富不仁，冷酷麻木，你就不是有尊严的人。

就算你功成名就，如果你追名逐利，蝇营狗苟，你就不是有尊严的人。

当一个老师对着成绩垫底的学生微微笑着说："你是老师的学生，我们一起努力！"当父母对着犯错的孩子微微笑着说："你是我的孩子，我们一起面对！"当领导对着失败的员工微微笑着说："你是我的同事，我们一起想办法！"

那时，我们就都是有尊严的人！

> **第十四篇**
>
> 　　我们敬重好人,但讨厌比较。因为比较,让做到最好的人多了更多的责任与负担;因为比较,让做不到最好的人多了些不必要的自轻自贱。

你要做个好人吗

　　今天看到 J 的 QQ 签名改成了"我不是好人,我不要做好人"。

　　真是有趣,中午吃饭的时候,老师们也在探讨这个问题,究竟该不该教自己的孩子做个好人? 做好人,太累,甚至会被欺负。做坏人当然更不行。真是痛苦啊。

　　我于是想起教范仲淹的《岳阳楼记》时,学生对于大好人范老"先天下之忧而忧,后天下之乐而乐"的伟大抱负也不赞同。他们说:"老师,这样的人生太累、太辛苦了,我可不要。"

　　那么,你要做个好人吗?

　　如果我是你,我不会回答。因为这个问题中所谓的好人,多数情况下,不过是比较的结果,并不是客观评价的结果。

　　J 在日志里失落地写道:学习排第一的学生不小心考了第二,那别人就不会认为他们勤劳、乐于助人、聪明,会认为他们改变了,他们真的改变了吗? 不,而是人们把这看成是他们应该得的了!

　　J 是聪明的,他至少已经看懂在一些人眼里好人只是比较的结果。学校里的好孩子一定更聪明,更乖巧,更有能力,更漂亮……

　　我想起童话《五颗豌豆》里安徒生用调侃的语气诉说一颗落在污水池里的豌豆:

　　豌豆在污水里躺了许多天、许多星期,直到涨得很大很大的。

　　"我胖得够棒的,"这颗豌豆说,"我想我最后会胖得爆开。我想一颗豌豆顶多也只能做到这样。在我们那豆荚里的五颗豌豆当中,数我最了不起了。"

通过比较得来的"好"有时候真是很没有价值,就像这颗在污水池里发胀的豌豆一样。可是有多少人明白这个道理呢?有多少人像胖豌豆似的为自己所谓的"好"骄傲自得呢?

在这个故事里,还有一颗小豌豆,它落到一个几乎满是青苔和软泥的小裂缝里,它在泥土里扎根,在阳光下发芽,成长,开出美丽的花。它的存在成了一个又穷又病的女孩最大的快乐和希望。但是,和它的兄弟们相比,它飞得不高,也不远,也没有变得很大。你觉得它是好还是不好呢?

我们敬重好人,但讨厌比较。因为比较,让做到最好的人多了更多的责任与负担;因为比较,让做不到最好的人多了些不必要的自轻自贱。甚至,有些时候,一些错误的比较摧毁了人性的美好。

其实,当我们像小豌豆一样,在爱里面扎根,健康快乐地成长为一个人时,我们的存在,就会成为世界的希望和快乐。这样,不是很好吗?

第十五篇

一个好父亲在女儿的自尊感、身份感及温和的个性形成的过程中,扮演着重要角色。理想的父亲不仅是女儿的人生导师,也是女儿的知己和伙伴。

爸爸,请你爱我多一点

去北京培训的时候,认识了一位爸爸,记住他是因为他实在太爱自己的女儿。空闲的时间里,他总在说女儿这,女儿那。他说他最大的梦想就是等女儿考上大学了,跟她手拉手在大学校园里漫步。

"那时候,我就是天下最幸福的老爸。"他总是以这句话结束。

我们都取笑他,说女儿大了,在大学校园里牵手的一定是男朋友,怎么会是你这个糟老头呢。他总是很自信地回答:"我是天底下最帅的老爸。"

他的女儿还在上幼儿园,负责接送的是他。早上,他会和幼儿园阿姨聊天,问问女儿的情况。放学后,他会和女儿一起吃冰淇淋,一起在马路边看车来人往,一边说说悄悄话。他们的关系因此而亲密无间,是父女,也是朋友。

比起在咨询室哭泣的小逸,他的女儿是多么幸福啊。

小逸是家里的长女,和许多外来务工人员家庭相似,他们家也违背了计划生育政策,小逸有一个妹妹和一个弟弟。小逸总是觉得父母偏心,尤其是父亲,似乎只喜欢妹妹而很少对她有夸奖。这让她觉得分外委屈。

她到咨询室来找我,本来说的是学习上的问题:上课老是分心,不知该怎么办才好。可是很快,她就谈起了自己的家庭,当说到父亲的时候,她的眼泪就流下来了。

"我希望他能够夸夸我,"小逸说,"他总说妹妹的好,却看不见我的努力。无论我做了什么他都看不见。"

小逸感到自己被父亲忽略,她努力想要引起父亲的注意,获得父亲的认可。当这种努力没有得到积极的反馈时,小逸的自我评价也随之降低。她说:"一道简单的数学题,我会反反复复地想,最后完全不知道该怎么做了。考试的时候,明明是会做的题,也会因为紧张而头脑一片空白,不知所措。上课总是无法集中注意力。"她在怀疑自己的能力,甚至否定自己。究其原因,正是父女关系的不和谐所致。心理专家认为:如果女儿感受不到父亲的关注和认可,就会感到自己被冷落、不重要、不可爱,从而变得自卑和孤僻。

天下没有不爱自己儿女的父母,正确地表达爱,让家庭成员彼此感受爱,是建立一个和谐家庭的首要条件。一位美国心理学家在研究中证明:一个好父亲在女儿的自尊感、身份感及温和的个性形成的过程中,扮演着重要角色。理想的父亲不仅是女儿的人生导师,也是女儿的知己和伙伴。父女之间如果能够轻松、快乐地相处,那么,女儿在各项能力发展方面就一定是通畅的。

父亲对女儿的影响是如此巨大,所以,为了女儿未来的幸福,请多爱她一些。

第十六篇

> 自然快乐地做自己,得不到好人的称谓也不必难过,因为你本不是好人,你是你自己。得到好人的称谓也不用得意,那不过是他人的看法,你还是你自己。

成为你自己

庄子在《胠箧》中有一个很著名的故事:有人问盗跖:"强盗也有道吗?"盗跖说:"当然了。能够事先推断出哪里有财富,这是远谋。在行动的时候冲在前面,这是勇敢。得手后掩护同伴先走,这是义。知道事情是否可行,这是智。平均分配赃物,这是仁。这就是强盗也有道啊。"庄子因此感叹道:"善人需要道,不善人也需要道。只可惜天下善人少,不善人多,所以道反而成了危害天下的利器。"

庄子的意思是:愈是好的东西,愈有利可图,所以人们就会蜂拥而上,花招手段也就层出不穷了。所以本意是宣扬善,结果往往不善者名利双收。为何?君子斗不过小人。苏辙说:"小人必胜,君子必败。何者?小人贪利忍耻,击之则难去。君子洁身重义,温之则引退。"

因此,世上所谓好人,名不副实的反是居多。人们知道内情后,难免就心生怨愤。所以人们才会纠结到底要不要做好人,因为真好人似乎总是抢不过假好人。

其实,我们要做的实在不应该是好人,而是成为自己。

自然快乐地做自己,得不到好人的称谓也不必难过,因为你本不是好人,你是你自己。得到好人的称谓也不用得意,那不过是他人的看法,你还是你自己。有了这样的心境,大概就可以处之泰然,达观自在了。

有一次考试过后,学生来办公室看成绩。一个学生考得好,很开心。看了身边同学的成绩更是得意到哈哈大笑,一边用夸张的声音说道:"你太挫了吧,什么智商啊。"我把他叫过来,说:"你考得好,当然高兴,但是却没有理由贬低别人啊,这样做是不道德的。"他羞愧了,说:"老师,我会改的。"孩子们很可爱,你让他接受一个真理不需要说教,这一点很了不起。倒是我们成年人,反而习惯了对别人指指点点,似乎"好"的总有资格指正"差"的,大家还都挺能接受的。其实,好的不见得一切都好,差的不见得什么都差。自以为好的,为了守住位置,苦不堪言,意志力薄弱的,也许就抑郁了。自以为差的,连尝试的勇气也失去了,自甘堕落,意志力薄弱的,也许就自残了。这样的悲剧,难道还少吗?

所以智者只做自己。

第十七篇

> 不停抱怨的人是不幸福的,他们需要的爱远远超过他们的付出。他们就像是追逐太阳的夸父,在欲望不被满足的饥渴中力竭而死。

有多少爱可以让我们满足

课文《甜甜的泥土》中的小亮,在父母离婚后,跟父亲生活在一起。父亲很快为他找到了继母,继母自私贪婪而凶恶,像童话故事里的可怕的老巫婆。而父亲给他的,只是一根可怕的木棍,他还禁止小亮的亲生母亲来见他。

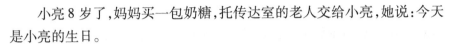

小亮8岁了,妈妈买一包奶糖,托传达室的老人交给小亮,她说:今天是小亮的生日。

小亮高兴地把糖分给老师和同学,但是他不敢把剩下的奶糖带回家去,他害怕爸爸的木棍,继母怀疑的目光。

虽然没有见到妈妈,但是小亮满足了,因为他知道,妈妈爱他。

这不由得让我想起我身边的许多抱怨。

"我的爸爸妈妈,成天忙着工作,休息时又忙着玩自己的,他们根本就不关心我,真不知道他们生我干什么?"

"我的爸爸妈妈,除了给我吃的穿的,就再没有别的了,他们根本不爱我。"

"我的爸爸妈妈,成天只知道让我学习学习,他们的眼里只有成绩,根本没有我,他们一点也不爱我。"

"我的爸爸妈妈,一直在外面打工,我都好久没有看见他们了,他们爱不爱我,我不知道。"

"我的爸爸妈妈,他们只要给我钱,给我买东西,我就觉得他们是爱我的。"

……

我们到底需要多少爱?多少爱可以让我们满足呢?

一位慈祥的老妈妈有两个儿子,大儿子无恶不作,小儿子孝顺善良。大家都觉得奇怪,一母所生的兄弟俩,他们的品行为什么相差那么远呢?

一个出家人说:"这是周围环境影响的结果。哥哥整天和强盗在一起,所以他学得也像强盗那么凶狠;弟弟孝顺善良也是受周围人影响的结果。"

有人问道:"难道他们不是生活在同一个家庭里吗?"

出家人回答道:"不错,他们是出生在一个家里,但是他们的眼睛看到的东西不一样,耳朵听到的声音也不一样。大儿子只看到索取,就算得到了整个世界他还是不满足,小儿子看到的是付出,母亲的每一点爱都让他感动不已。大儿子听见的是:我要,我还要,小儿子听见的是:给你,我给你。于是他们变成了完全不同的两个人。"

我们需要的爱应该等于我们付出的爱。

小亮需要妈妈的爱,所以他把同样的爱给了妈妈,他既没有抱怨妈妈不来看他,也没有抱怨生日礼物只是一包糖,因为他爱妈妈,所以他理解妈妈不来看他有不得已的苦衷,那包奶糖也倾注了妈妈所有的爱。他们是幸福的,虽然他们都是不幸运的。

不停抱怨的人是不幸福的,他们需要的爱远远超过他们的付出。他们就像是追逐太阳的夸父,在欲望不被满足的饥渴中力竭而死。

第十八篇

我只需要一个幸福生活的母亲,一个把快乐和幸福带给身边所有人的母亲。

母 亲

最近看了一篇文章,《一个母亲一生中的八个谎言》,原文如下:

1. 儿时,小男孩家很穷,吃饭时,饭常常不够吃,母亲就把自己碗里的饭分给孩子吃。母亲说,孩子们,快吃吧,我不饿!——母亲撒的第一个谎。

2. 男孩长身体的时候,勤劳的母亲常用周日休息时间去县郊农村河沟里捞些鱼来给孩子们补钙。鱼很好吃,鱼汤也很鲜。孩子们吃鱼的时候,母亲就在一旁啃鱼骨头,用舌头舔鱼骨头上的肉渍。男孩心疼,就把自己碗里的鱼夹到母亲碗里,请母亲吃鱼。母亲不吃,母亲又用筷子把鱼夹回男孩的碗里。母亲说,孩子,快吃吧,我不爱吃鱼!——母亲撒的第二个谎。

3. 上初中了,为了缴够男孩和哥姐的学费,当缝纫工的母亲就去居委会领些火柴盒拿回家来,晚上糊了挣点钱补贴家用。有个冬天,男孩半夜醒来,看到母亲还弓着身子在油灯下糊火柴盒。男孩说,母亲,睡了吧,明早您还要上班呢。母亲笑笑,说,孩子,快睡吧,我不困!——母亲撒的第三个谎。

4. 高考那年,母亲请了假天天站在考点门口为参加高考的男孩助阵。时逢盛夏,烈日当头,固执的母亲在烈日下一站就是几个小时。考试结束的铃声响了,母亲迎上去,递过一杯用罐头瓶泡好的浓茶叮嘱孩子喝了,茶亦浓,情更浓。望着母亲干裂的嘴唇和满头的汗珠,男孩将手中的罐头瓶反递过去请母亲喝。母亲说,孩子,快喝吧,我不渴!——母亲撒的第四个谎。

5. 父亲病逝之后,母亲又当爹又当娘,靠着自己在缝纫社里那点微薄收入含辛茹苦拉扯着几个孩子,供他们念书,日子过得苦不堪言。胡同路口电线杆下修表的李叔叔知道后,大事小事就找个借口过来打个帮手,搬搬煤,挑挑水,送些钱粮来帮补男孩的家里。人非草木,孰能无情。左邻右舍对此看在眼里,记在心里,都劝母亲再嫁,何必苦了自己。然而母亲多年来却守身如玉,始终不嫁,别人再劝,母亲也断然不听。母亲说,我不爱!——母亲撒的第五个谎。

6. 男孩和她的哥姐大学毕业参加工作后,下了岗的母亲就在附近农贸市场摆了个小摊维持生活。身在外地工作的孩子们知道后就常常寄钱回来补贴母亲,母亲坚决不要,并将钱退了回去。母亲说,我有钱!——母亲撒的第六个谎。

7. 男孩留校任教两年,后考取了美国一所名牌大学的博士生,毕业后留在美国一家科研机构工作,待遇相当丰厚,条件好了,身在异国的男孩想把母亲接来享享清福,却被老人回绝了。母亲说,我不习惯!——母亲撒的第七个谎。

8. 晚年,母亲患了胃癌,住进了医院,远在大西洋彼岸的男孩乘飞机赶回来时,术后的母亲已是奄奄一息了。母亲老了,望着被病魔折磨得死去活来的母亲,男孩悲痛欲绝,潸然泪下。母亲却说,孩子,别哭,我不疼。——母亲撒的最后一个谎。

很多人看了以后,说很感动,说天下最伟大的是母爱。

我没有被感动,心变得很凉,很难受。

我只是想：

如果他听不懂母亲的谎言，他是一个什么样的人呢？

如果他听懂了母亲的谎言，他的一生又将背着怎样的重负呢？

拥有一个这样的母亲，不知道是幸运还是不幸。我只知道，我不希望我的母亲如此。

我的母亲应该像我一样爱哭也爱笑，看看电视剧也会感动到稀里哗啦，生气了也会骂人，喜欢的时候会叫我心肝宝贝。

我的母亲不仅要爱我，更要给机会让我也爱她。我的母亲不伟大，但她知道怎样让生活充满阳光，她会让我知道贫穷不可怕，可怕的是精神的贫瘠。所以即使我们只能每周吃一次肉，母亲也会笑着和我们"争夺"。我只需要一个幸福生活的母亲，一个把快乐和幸福带给身边所有人的母亲。

文章里的母亲太沉重，她让生活也莫名地沉重起来了。

第十九篇

很多时候，我们不说话，不是因为冷酷，而是因为"善良"。

不要怕，过来跟他讲

很多时候，我们不说话，不是因为冷酷，而是因为"善良"。

迪卡侬店门前有一个喷水池，夏夜，每天都围了满满一圈的孩子在那里嬉戏。那天，一只不见主人的牛头梗犬掉在了喷水池里。孩子们兴奋极了，有的叫着冲它扑水，有的端起手里的水枪朝它射击，有的指着不停打转的小狗哈哈大笑。我也颇有兴致地停下脚步，乐呵呵地看起了热闹。看着看着，忽然觉得不对劲了。池子里的小狗不停地冲着空气吠着，那声音,至少,我听到了紧张、不安和痛苦。

我想起某年暑假在猛龙洞漂流。大家都配备了一支水枪,夸张点的还买了葫芦瓢,坐上小船,水仗就开始了。扑面而来漫天的水珠将我整个人裹在水雾中,我看不见,听不见,在炎炎的夏日里居然感觉到了彻骨的冰凉,那种感觉,不好受。

再看这只孤独的小狗,它没有办法回击,只能呆在水池的中央,尽可能远离那飞溅而来的水珠。它不停地吠叫,却换来更多的欢呼和更多的水雾。

"你看,它多害怕。小朋友,不要朝它打水枪了。"我忍不住提高声音对四周的孩子说。

一个可爱的男孩认真地看着我:"真的吗?"

"真的。"

水池边安静了些,好些孩子停止了朝小狗泼洒池水。我高兴极了,招呼着小狗到水池边来,我要将它带离这个可怕的地方。

突然,有个孩子大叫一声:"泼水啊,它要逃了!"

围在水池边的孩子像被传染了似的,纷纷大叫起来。那个可爱的男孩看看我,又看看兴奋举起水枪的伙伴,终于重新瞄准小狗。

除了我,没有人再为这只小狗说话。我知道,他们不是冷酷,只是他们看着孩子欢喜的模样,心里一样乐开了花。而且,"子非鱼,安知鱼之不乐焉"。我应该庆幸,没有人骂我"多管闲事"。

这次的经历,让我在很长的一段时间里保持着沉默。我让自己变得和周围人一样"善良可亲",这样的日子其实挺舒服的。

前几天,看《社会传真》,听到一则环卫工人被车撞的新闻。我心里很难过。因为我曾经几次在公交车上看到有人往车窗外扔东西,却没有做出任何反应。

我想起某个冬天的下午,我提着刚买的栗子边走边吃,走过来一个女清洁员,她递给我一个袋子,说:"把壳扔在这里吧。"我笑着将手中的塑料袋拎起来给她看:"你看,我都扔这儿了。谢谢你。"说完,我就走了。没想到,她在身后忽然很大声地说:"谢谢啊!"我回头冲她笑笑,继续往前走。她竟然又说了声"谢谢"。我想,她必定是无数次辛苦地清理过大街上四处飘荡的果壳,所以,尽管我只是做了"人"应做的事,她就心存感激了。

也许,当我下次再看到有人乱扔垃圾时,我会出言制止,或者会递给他一个装垃圾用的袋子。这么做,需要的只是一点点的勇气和坚持。虽然,很多时候,莫名其妙的恐惧总是占据着我们的心头。"这件事说到底不是我一个人的事,我还是不要出头的好。""这件事跟我毫不搭界,我管什么闲事啊。""这年头多一事不如少一事,我管自个儿还管不过来呢,管他呢!"

看《朝晖帮你忙》,居民反映某家麻将馆扰民。老板在狡辩,朝晖一声大喝:"你们不要怕!过来跟他讲!"小Q在作文《我的同学》里写道:"H是我们班的老大,无论谁欺负了我们班的人,他都会去讨回公道!"小Q是怀着骄傲的心情在写他的同学,虽然语言幼稚,却流露出对勇气、坚持、正直的由衷赞美!我为他们击掌叫好!

第二十篇

> 如果读书就是为了赚钱,赚钱的门道就多了,何必长期忍受这痛楚呢。

让孩子的学习少一点功利心

在咨询室里,妈妈哭得眼睛红红的,儿子不动声色地坐在旁边,淡淡地说:"我就是不想上学了,没意思。我要去当学徒工。"

"你这么小,能做什么呢?你现在好好读书,我们全家希望都在你这里了。将来你上了大学,毕业后就能找个好工作,坐在办公室里,赚钱又多,不好吗?就算考不上大学,你等初中毕业上个技校什么,以后就不愁没工作了。"妈妈一边说,一边又抹起了眼泪,"老师,你看这可怎么办呢?他一定不要上学,已经几天不肯吃饭了。我也跟着吃不下啊。"

我看看那孩子,还是一副不以为然的样子。

我问:"什么时候有这个想法的?"

"早就有了。"

"嗯。大概是什么时候呢?"

"寒假里吧。"

"想去工作?"

"对,反正我不想读书了,没意思。"

"想做什么呢?"

"装潢工。"

"哦?为什么呢?"

"我有个同学小学毕业就不上学了,现在在做装潢。"

"你想和他一起做?"

"是的。"

"你告诉他你的想法了?"

"没有。"

"那你怎么能确定他一定欢迎你去呢?他可以给你发工资吗?"

他不说话了,头低着,不看我。沉默了一会,他说:"我不想做装潢工。"

"你想做什么呢?"

"不知道。反正我不要再读书了。读书没意思。"

"你什么时候起觉得读书没意思的?"

"初一期末考后吧。"

我估计他学习上遇到困难了,就问:"期末考没有考好吗?"

"是的。我努力了,但是都失败了。"

"现在学习上遇到什么困难了吗?"

"上课听不进去,反正我就是不想读书了,我要去当学徒工。"

"可是你并不知道要做什么。"我说,"不如这样,等你想好要做什么,再离开学校好了。"

我说这些话的时候,他妈妈显得有些着急,我看着她问道:"你们家需要他赚钱养家吗?"

她赶紧说:"不要,我们不要他赚钱养家。"

我就对他说:"你有一个好妈妈,如果你妈妈不那么爱你,听说你要去工作,应该会很高兴的,不用为你花钱,你还能挣钱回家,多好啊。相比而言,你那位小学毕业就去当学徒工的同学就不幸了,他的爸爸妈妈非但没有为他的未来负责,还违反了法律。你知道他们犯了什么法吗?"

"九年义务制教育。"

"是的。如果让你离开学校,你的父母还有我们都会犯法。让你接受学校教育,是我们的责任。"

"可是我对读书不感兴趣,我要工作。"

"好的,让我们来设想一下你所能胜任的工作。你的文化程度是初一上学期?"

"是的。"

"你可以胜任的工作也许是清洁工、搬运工、服务员,你喜欢哪一种?"

"都不喜欢。"

"那你觉得自己可以找到什么工作呢?"

"我不知道,但我就是不想读书。"

我知道他只是在逃避,根本不是想工作。"你准备什么时候开始?"

"明天就开始。"

我问他妈妈:"如果明天他不来上学,会去找工作吗?"

"不会,"他妈妈肯定地说,"他就在家睡懒觉,上网。"

"我不会的。"他说。

"怎么不会?放假的时候你就是这样的。"他妈妈说。

我故意用严厉的口吻说:"你不能利用妈妈对你的爱要挟她,满足自己的懒惰。"

"我会工作的。"

"可是你刚才说并不知道要做什么工作。"

"我可以去妈妈厂里的。"

"什么时候？"

"明天就去。"

我看他很坚决的样子，决定让他按自己的想法实践一次。我和他妈妈做了沟通，她很信任我，同意由我做出决定。

"我尊重你的选择，你可以明天就去妈妈厂里上班，但是，我希望你明白，无论什么时候，学校的大门都是向你敞开的。我们随时欢迎你回来，好吗？"

他小声地说："谢谢老师。"

送他回班级后，我和他的母亲还有他的班主任做了沟通，"我想他会主动要求回学校的，我们给他三天的时间，好吗？"他们都表示赞同。

第二天中午的时候，我就接到他妈妈的电话，"他说要回学校。他就在我身边，你和他说两句吧。"

"今天的工作体验如何？"我问。

"不好。"他说。

"我们都欢迎你回来。还有，在学习上遇到的困难，我们一起来解决，我们可以探讨一些适合你的学习方法，好吗？"

"好。"

……

这个男孩，小学在老家上了几年，后来被父母接到身边，又在民工子弟学校上了几年，基础不是很好，尤其是英语，相当差。升入初中后，他也想好好学习，可是几次努力都失败了，对自己就没了信心，才产生了辍学的念头。这次极短暂的打工经历虽然暂时打消了他辍学的念头，但是，在今后的学习和生活中，他仍将遭遇到较多的困难。他除了需要老师家长的鼓励和帮助，更重要的，是他自己要有信心和恒心。

他是家里的独子，极受宠爱，遇事都是父母帮助其解决，一旦要自己面对困难就不知所措。可是，随着年龄的增长，独立意识的增强，他变得不愿意向父母求助，遗憾的是自己又无对策，所以一旦出现问题，第一反应就是逃跑。在这个事件中，他的母亲没有发现问题症结所在，还陪着他不吃饭，表现得比他更焦虑、更无助，令他更加不安，他想要逃跑的愿望也愈来愈强烈，所以才会出现文章开头的一幕。

其实，如果家长遇到这种情况，可以告诉孩子，在学习中遇到困难是常有的事，不需要紧张。考试成绩只是对所学知识的一种考察，并不能完全说明他的学习能力，不必特别在意。学习是一个循序渐进的过程，不能急于求成，重要的是保持对学习的兴趣，体会获得新知识时的满足感。还可以告诉孩子，你爱他，绝不仅仅是因为他在学校获得的分数，你爱他的善良可爱，爱他的活泼率真，还有很多很多。告诉你的孩子，他很棒，他的存在给你们的生活带来了无数的惊喜，你们爱他，需要他。让他在鼓励中找到更多的信心和快乐，这样，他就有勇气独自面对困难了。

文中的这位母亲过早地将工作和学习挂钩，不但降低了孩子学习的兴致，还给他造成一种误解，以为父母的爱是有代价的，是一张定期存折，现在的付出是为了自己未来生活的保障。这种误解将严重伤害父母与孩子的感情，非常危险。因为一旦爱的纽带变得脆弱，家庭的矛盾就容易滋生，家庭成员将互不信任，分歧变多，父母对孩子的影响力将大大降低。文中的母亲显然无法影响自己的孩子，眼泪也流了，饭也不吃了，好话说尽，狠话说尽，没用。"这孩子，叛逆，我管不了。"她说。其实，从心理学的角度来看，青少年的叛逆是一种极端的逆反心理，它产生于可怜的适应能力——经受不了批评、挫折和压力。

青春期的孩子自尊、敏感，独立意识增强，有事宁可藏在心里，如果父母能够理解和尊重他们的这种变化，孩子的"叛逆"就会少一些。可惜的是，好多父母从小管头管脚管惯了，既没有给孩子"松绑"的意识，也不乐意交出自己管教的权力，结果，管得愈多，孩子愈"叛逆"。

这位母亲坦承和孩子的交流愈来愈少，不知道他在想什么。"回家就把房门一关。吃饭的时候也很少说话。我们也没办法，和他说什么都嫌我们烦。"她说。但是一问下来，他们说的最多还是学习上的事，作业做了吗，考试怎样啊，多看看书，不要玩了。看到这里，我们就能够理解孩子为什么拒绝和她交流了。学习是他的短处，可是父母偏偏只谈论他的短处，只看见他的短处，那么为了自我保护，维护自己的可怜的尊严，他只有沉默了。

宋代张南轩说："学莫先于义利之辨。"新亚学规第四条是这么写的："祛除小我功利计算，打破专为谋职业、谋资历而进学校之浅薄观念。"这都是在指斥功利求学的弊端。

人,只有立志高远,深谙学习旨趣,才能"路漫漫其修远兮,吾将上下而求索"。

子曰:"其为人也,发愤忘食,乐以忘忧,不知老之将至云尔。"也许,只有忘记了功利,我们才能充分享受学习的快乐吧。

第二十一篇

> 智慧或许不能让你远离伤害,但是当灾难来临的时候,他帮助你清洗伤口,缓解痛楚。

祥子的悲剧

祥子,一个健康、生气勃勃、聪明而努力的年轻小伙子,用老舍的话说,就是"在地狱里也是个好鬼",他堕落了,迷失了。这是社会的悲剧,更是人性的悲剧。

不服输,不放弃?我就是要逼着你认输,逼着你放弃。小人物没有选择、改变自己命运的权利。

祥子模模糊糊觉着社会有问题,为什么穷人拼死拼活地干活,到头来不是落了个老弱病残、苟延残存就是卖儿卖女的悲惨结局?但是他不知道如何是好,这一切能否改变,会变成怎样,他都无法想象,所以无从想起。他未曾受过什么教育,不懂得社会是怎么一回事,更无法从历史的变迁中受教益。父辈们只教给他一种生活的技巧,那就是靠力气吃饭。只有劳动,你才可以生存,至于富贵,那是从来就不敢奢求的。

买个车,每天挣的钱都属于自己,生病疲惫的时候或者也可以偷懒一下,不用担心被饿死、冻死,这就是祥子全部的生活理想。简单得不值一提,文化人也许会嘲笑他的平庸,富贵者大概要鄙视他的低贱。

但是奋斗着的祥子让人不由地赞叹,他年轻,单纯,健壮,生机勃勃,还有一股可爱的执着劲儿,就像我们的祖先,简单而有力。不管他的精神多么贫乏,他的存在就是生命伟大有力的象征。

但是,社会像披着各色面具的妖魔,在真真假假中牵住他,缠绕他,吸尽他的热血,掏空他的心扉。堕落的祥子让人揪心,那是善与美的失败,那是单纯向复杂缴械,那是力量与阴谋的较量。

在祥子投降的那刻,很多人在指责那个"吃人"的社会。

当年祥子是失败了,今天祥子可以成功吗?

不行,虽然说起来我们已经毁灭了那个吃人的社会。不过,在今天靠出卖力气生活的"祥子",付出最多的汗水,收获不多的金钱,生活的重担终将驱使他疲于奔命,他或者不必遭遇不幸,但是不能享受生活的乐趣。这难道不是当代人最大的悲哀吗?

所以智慧是必需的。没有智慧的陪伴,善良将变成愚昧;没有智慧的陪伴,勇敢将变成莽撞;没有智慧的陪伴,温柔将变成懦弱;没有智慧的人,更容易在人生的十字路口迷失方向。

智慧或许不能让你远离伤害,但是当灾难来临的时候,它能帮助你清洗伤口,缓解痛楚;智慧或许不能让你大富大贵,但是它能帮助你获得更多"财富",它使你懂得沉浸于美而非追逐美,它使你拥有幸福而不是追逐幸福。

更重要的是:智慧是人类前进的通行证。如果说,动物还在沿袭力量的较量,那么人类,早就演化为智慧的较量了。

毕竟,我们已经无法回到拼力气吃饭、过日子的年月了。所以即便你崇尚自然,渴望回归蛮荒时代,那也不过是一个不切实际的梦。与其空想,不如努力让今天开满鲜花,做个智慧的人。

在童年时,就应该让孩子通过自己的努力去创造乐趣。

习惯孤独

  孩子的幼年,尤其需要家长倾注更多的时间和心力,这段时间就好像是在打造基石,基石牢固,楼层才能往高处建,否则就算你勉强建起大厦,一阵不很强劲的风就能把它整个推翻。

  遗憾的是,大多数家长因为工作忙碌、竞争激烈而殚精竭虑,不仅花在孩子身上的时间十分有限,更严重缺乏科学的育儿知识。我们经常可以看到的景象是家长和孩子拼嗓门、比力气的较量。可悲的是,当孩子终于屈服于家长的"淫威"之下,号啕大哭的时候,我们的家长露出了胜利的微笑。他们不懂得这种胜利其实是另一种形式的失败,因为,恨的种子已经偷偷埋在了孩子的心中。当有一天孩子有了足够的力气和勇气与家长对抗的时候,我们的家长才幡然醒悟,但是很少有人能够及时地去请教专家,他们还在凭自己的错误经验办事,从一个压迫者彻底地变为投降者。"我什么都依你。"这是他们采取的最常见的方法,不幸的是,这是又一个可悲的错误,结果是你的孩子完全不听你的话,任性放纵,即使误入歧途也不以为然。

  所有亲子悲剧的出现都有一个具体的原因,而大多数的因子都可以被化解,如果我们的家长在忙碌的工作之余也能抽空学习一下科学的育儿知识,我想,至少有85%的悲剧可以避免。

  与完全不理会自己孩子一样有害的是过度在乎孩子。现代家长习惯于将自己孩子的时间表安排得满满当当,这样的做法表面上看起来非常切实可行,并且在一定时间内充分显现了其效果,孩子的表现十分乖巧懂事,因此不少父母将它视为成功的教育宝典。然而,这样的孩子往往有一个致命的弱点,那就是在属于自己的空闲时间里感觉空虚无聊。因为无法独自度过闲暇时光,所以要像藤蔓一样借助别人的存在才能活下去。

一位著名的儿童心理学家曾经说过:在儿童时期培养一个孩子忍受孤独的能力非常重要。事实也正是如此,愈来愈多的孩子因为缺少这种能力正在逐渐失去对生活的热情,他们感觉到悲伤、绝望、空虚、无聊,对未来不抱希望。

造成这种现象的主要原因之一是电视的普及,以及快餐式文化消费方式的出现。现在的家长习惯于将自己的孩子扔给电视或者其他的娱乐媒介,许多孩子在不经意中学会了沉迷于电视剧、游戏和其他种种耗费心力却无益身心的生活方式。

而这种生活方式一旦养成,就很难改变,随之而来的问题也变得复杂。一方面是没有时间培养兴趣爱好,另一方面是他逐渐丧失了寻找乐趣的能力,空闲时间他所能做的就是看电视、逛街,他觉得除此之外没有其他可玩的东西。

所以在童年时,就应该让孩子通过自己的努力去创造乐趣。那种既令人兴奋又不需要付出体力代价的活动要尽量避免。

第二十三篇

制止争吵,我们需要的也只是一次温柔的触摸。

一次温柔的触摸

国庆放假前一天,我去上课,还没有走到教室,就听见里面吵吵闹闹,起哄声、笑声、骂声响成一片。很快有几个学生冲着我大叫:"老师,打架了。"

走进教室,一片混乱中,看见两个男生纠缠在一起,我赶紧将两人分开,要求他们回到座位,但意外发生了,又一个男生在旁边大声叫了句什么,很快被劝解开的男孩之一冲上去和他扭打起来。从那个男孩的表情看来,他已经在崩溃的边缘了,对于他来说,现在最重要的是让他冷静下来。我用双手摁住男孩的肩膀,使他坐下去,接着用一只手摸他的脑袋,清楚而平静地对他说:冷静,深呼吸。冷静,深呼吸。同时用目光示意女同学不要再说话。

"你可以控制自己不要说话,不要发怒了吗?"我小声问那个男孩,他点点头。

制止暴怒,我们需要的仅仅是一次温柔的触摸。

曾经在办公室看见一位老师和学生的争吵。

学生抽噎着为自己辩解:"我没有错,你为什么要冤枉我?"

老师暴跳如雷,情绪难以自控:"我什么时候冤枉你了,你个神经病。"

我们分成两组,分别劝解年长的女教师和年幼的男学生。

我看见一位老师的手轻轻拉着学生的臂膀,柔声地说道:"不要着急,冷静一下,过会儿再把事情和老师说清楚。"

我们也扶着老教师的肩膀,帮助她平稳呼吸。

制止争吵,我们需要的也只是一次温柔的触摸。

第二十四篇

打着圈也追逐幸福的人最后都磨光了耐性,非但自己没有找到幸福,还把不幸带给身边的人。

是什么磨去了我们的耐性

这是一个非常美丽的小姑娘,只是过于安静,过于忧郁。晚上,她找到我,要求做咨询。她是实验班的住宿生。

我看过她的选择游戏,在知识、朋友、亲人、工作四个选项中,她最先去除朋友,而后是亲人,她留下的是工作。

为什么呢?在同年龄的孩子中,多数最后留下的是亲人。

我望着她忧郁的脸庞,这个美丽的女孩,有着与她年龄极不相符的冷静。

带着问号,我有意识地和她交流起来。

我尽量使谈话随意而不露痕迹。

我们从学校生活谈起,谈到家人,谈到偶像,谈到理想。

她从简单地点头或摇头,是和不是,到渐渐地多话。我逐渐了解了她的家庭。

她的父亲腿有小疾,在开始描述的时候,她说:我爸爸是个残疾人。我有时喜欢我的爸爸有时又讨厌他,他经常打我,从我记事起,他就一直打我。有时是为了学习,有时是为了别的什么事。他打我的时候,妈妈就在旁边看,不说话,也不阻止。妈妈也打我,打我的理由和父亲相似。爸爸没有工作,妈妈是个工人,我们住在奶奶家,平时生活费都是奶奶的钱。他们也打架,有时打得很凶,会拿菜刀。我很害怕。我更喜欢爸爸,因为妈妈管我很严。

她一点一点地说着,偶尔沉默一会,我等着她,随着她的叙述,心也一下下被揪紧。

她说:在学校,我喜欢独来独往,我们班有个男同学,经常把手放在我的肩头,我很害怕,我告诉了老师,但是没有用。我害怕笑,因为一笑就会不停,像个神经病。

我追问了一句,才知道,她所谓的笑个不停,是不到30秒钟。

时间过得很快,转眼一个小时过去了。我约她第二天再来,我们需要制定一个目标,她点头表示同意。

我没有马上定目标的原因是,我很混乱,我需要一点时间来整理思绪。

她离开之后,我静静地坐了很长一段时间,她的话一点点变得清晰起来。

她目前遇到的麻烦是:一,家庭关系。二,同学关系。

她的独来独往也好,怕笑也好,与家庭的管束过严很显然有直接的关系。这个可怜的女孩,为了避免犯错误,避免受惩罚,就将自己完全孤立起来,用厚厚的茧子将自己包住,试图保护自己。但随着年龄的增长,她对朋友的渴望愈来愈强烈,她想出来但又十分害怕,于是她感到了痛苦。随着分析判断事物能力的加强,她开始重新审视父母的关系,她感觉到家庭里出现的问题,但又无力改变什么,这种无助逐渐变成了恐惧,令她害怕回家。

本着由易到难的原则,我决定将第一目标定为——破茧成蝶。

她必须学会排遣压力,并且能够理解所有一切都不是她的错误,她是无辜的。释放自己,得到幸福不是罪过,她应该也可以享受生活的幸福。

在生活的重压下面,很多人的耐性被磨光了,哪怕在面对自己亲人的时候,他也是那么得焦躁不安、怨声载道,这些愤怒、不耐烦的声音构成了一张密实的网,使得生活在他周围的人几乎窒息。

记得一个小故事。小狗问自己的妈妈:"妈妈,妈妈,幸福在哪里?"

妈妈回答说:"你回头看看,幸福就是你的尾巴啊。"

小狗于是开始不停地打转,试图咬住自己的尾巴,但它就是做不到。

妈妈笑了:"傻孩子,你只要不停地往前走,幸福就一直跟着你了。"

打着圈地追逐幸福的人最后都磨光了耐性,非但自己没有找到幸福,还把不幸带给身边的人。其实,幸福的生活不在明天,而在今天,沉浸到今天的生活中去,享受现时的每一刻,你就是最幸福的。

第二十五篇

> 我们的教育要求每一个受教育者成为圣人,爱祖国,爱人民,就是不要爱自己。

渴望像加菲猫一样幸福

坐在我斜对面的小女生始终低垂着头,在她纤细的手腕上,一道鲜红的伤痕触目惊心。

她叫小美,14岁。她说第一次割腕发生在三年级的时候,父母刚刚离婚,在和母亲的一次争吵过后,她用刀子割了自己的手腕。"那时候有点害怕的,也不敢割得深,因为怕痛。"她说。第二次割腕发生在六年级,许久不见的父亲忽然出现了,说不出的温柔慈祥。父亲说想带她走,她一直想着父亲,没有理由拒绝。可是父亲有了新女朋友,一个不比她大多少的女孩,她们处不来,她觉得父亲更爱她。"我觉得对不起妈妈。我还听说,爸爸是为了争财产才回来要我的。"小美说,"知道这事后,我就又割腕了。这次就不那么害怕了。以后,我心里不痛快了,就割自己的手腕,感觉就会舒服一些。"小美的眼神是飘忽的,就像她的人生。从母亲家到父亲家,都说是她的家,可是她觉得没有地方是自己的家。

"我的梦想就是将来有一间自己的房,只有我一个人,谁也不要来。"她说。

加菲猫"甜蜜加威胁"地告诉主人:宠我!喂我!不要抛弃我!

小美却不敢这样对亲生父母说话。

加菲猫对欧弟说:"不过有一点是一样的,我们爱乔恩,乔恩也需要我们两个。"

小美却自认为是一个沉重的包袱,一个不受欢迎的生命,没有人需要她。

马斯洛在他的需要层次论中提出,人的需要分成五个层次。首先是生理需要。人们需要食物、空气、水、睡眠等等。其次是安全的需要。人们会避免危险,让生活有保障。第三是归属与爱的需要。人们希望能拥有幸福美满的家庭,渴望得到一定社会和团体的认同、接受,并建立良好和谐的人际关系。第四是尊重需要。它包括自尊、自重和来自他人的敬重。第五是自我实现的需要。马斯洛指出,当上述所有的需要获得满足后,就会进入到最高阶段——自我实现的需要。

现在我们对照着来看看小美的哪些需要得到了满足。

生理需要,小美暂时由父亲提供住所、食物等,但小美并不认为这是她真正的家,他们随时可以将她打发走。

安全需要,小美生活在随时会被父母抛弃的恐惧里,生活没有保障,所以,她的安全需要没有得到满足。

当然,剩余的三种需要,她都没有得到满足。

再来看看加菲猫。

生理需要,没有问题,它的主人为它提供了一切。

安全需要,没有问题。

归属与爱的需要,没有问题。它属于乔恩,乔恩属于它。它不能没有乔恩,乔恩不能没有它。

尊重需要,没有问题。它是自尊、自重、自信满满的加菲,在动物中享有盛名。

自我实现的需要,没有问题。在第一集中,它成了解救欧弟的英雄;第二集中,它成了一群动物的救星。

这样一比较,我们就知道,加菲猫有多么幸福,而小美有多么不幸了。

分析一下原因,你会大吃一惊。

小美太善良了,总是为他人着想,不懂得争取和维护自己的权益,而加菲猫很自私,它绝不放手属于自己的东西,坚决捍卫自己的权益,善于利用他人的愚蠢、善良为自己谋利。

加菲猫为了自己,可以粗鲁地叫醒乔恩,用热水淋乔恩,偷换乔恩的早餐。

加菲猫为了自己,可以欺骗同伴,把同伴从半空摔下来,自己却喝着美味的牛奶。

加菲猫为了自己,可以随便欺负欧弟,还大言不惭地说:小狗时不时需要一点粗暴的爱,这对它的成长有好处。

它懒惰,嘴馋,傲慢,霸道。

但加菲猫还是有自己的优点的,为了帮乔恩追女朋友,它甘心做道具,为了挽救欧弟,它甘冒生命危险。

也许正是因为它时常在关键时刻表现出大仁大义,我们不但原谅了它的自私,甚至还因此觉得它更加可亲可爱。加菲猫会为了爱别人而放弃爱自己的权利吗?开玩笑,绝对不可能。加菲叫醒睡梦中的乔恩,因为它饿了,照顾它是乔恩的责任,所以它理直气壮地叫起乔恩,而乔恩也乖乖地去做早餐,因为这是他的责任。被照顾的没觉得欠对方的情,照顾的也没觉得自己受了委屈。

可是小美为什么不能理直气壮地享受她的权利呢?因为小美的善良。小美为何善良?被教育的结果。

我们的教育要求每一个受教育者成为圣人,爱祖国,爱人民,就是不要爱自己。因为爱自己是渺小的,爱祖国、爱人民是伟大的。我们要成为君子,不能做小人。

小美接受了"君子"教育,成了"君子",一个不知道自己权益,不懂得捍卫自己权益的"君子"。这样的"君子",让本该承担责任的父母成为了施恩者,这样的"君子",让本该享受权益的孩子成了被施恩者。小美岂不是应该对自己的父母感激涕零?事实上,她正是这么想的。她觉得自己拖累了父母,自己是个坏孩子,所以她用刀划自己的手腕,用这种方式惩罚自己。可怜的孩子,可怜的、善良的、只会伤害自己的孩子,可怜的、无助的孩子,当你说照顾她是父母的责任时,她忧伤的大眼睛里浸满了泪水,那里写着一个大大的问号。责任?这是一个不履行责任也不会受到惩罚的国度。善良的小美只好继续被善良伤害着,无良的父母也继续逃避着责任潇洒地逍遥着。

第二十六篇

> 一滴水的运动,影响着身边另一滴水的轨迹,依次类推,再渺小的水滴,实际上都在以自己的方式默默地、缓慢地改变着社会的状态。

心灵家园的守护者

电影《蜘蛛侠》中有这样一个片段:帕克想要买一辆车,为了攒到这笔钱,他报名参加了一次擂台赛,并且凭借自己的超能力获得了胜利。但是,组织方不守信用地扣留了他本该得到的钱。当帕克离开办公室的时候,戏剧性的一幕发生了。一个持枪抢劫犯闯入办公室,抢走了所有的钱。帕克完全有能力抓住那个罪犯,但为了表示对组织方的不满,他让罪犯轻松地逃走了。然而,帕克的叔叔成了这次犯罪的最终受害者,他被枪杀了,杀他的正是帕克放走的罪犯。帕克后悔不已,在追杀罪犯的过程中,他逐渐明白了"能力愈大,责任愈大"的真实含义。

人类汇集成海,作为个体的我们都是大海中的一滴水,一滴水的运动,影响着身边另一滴水的轨迹,依次类推,再渺小的水滴,实际上都在以自己的方式默默地、缓慢地改变着社会的状态。

可是,因为渺小,很多人甚至忘记了自己是社会的一分子,也彻底忘记了自己的社会责任。当我们做事的时候,我们习惯性地问自己,这对我有什么好处?我们将自己与社会隔离开,自以为只要做好自己,伤害就不会降临。只有当真实的灾难降临的时候,人们才忽然间醒悟,自己无法脱离社会而存在。

一个无辜善良的人在一次战争中丧生,一个无辜善良的人在一次斗殴中丧生,一个无辜善良的人在交通意外中丧生⋯⋯

每一天,都有无辜者献出自己的生命,没有任何理由。

善激发善的行为,恶促进恶的发生。在水滴逐渐长大的过程中,它的力量决定了它影响的范围,所以帕克的爷爷这样说:"一个人,能力愈大,责任愈大。"能力大的人,影响的范围广而深远,他是天使,受庇佑的人就多,他是恶魔,受伤害的人就多。

相比家庭和学生,教师的力量更大。他的思想行为在一定程度上决定了一个孩子的价值取向,在一定程度上影响了一个家庭的命运。因此,他的责任也愈大——他是学生心灵家园的守护者!

初中只有短短的三年,但绝对是人生中相当重要的三年。随着学生自我意识的不断觉醒,心灵的空间土壤肥沃,温度适宜,播下的种子快速生长。脑子灵活、个性张扬的孩子,需要播种诚恳与耐性;老实本分的孩子,需要播种勇气和毅力;自卑怯懦的孩子,需要播种爱和力量;鲁莽调皮的孩子,需要播种温柔与细致⋯⋯在教师的口袋里,应该有各种各样的种子,通过细心的观察与谨慎的分析,将它们一一播种到每个孩子的心里。

因为,教师被尊称为人类灵魂的工程师,他不是简单的知识传递者,他还是学生心灵家园的守护者。

第二十七篇

毕竟,相对于整个人生,短暂的停留是值得的,与其做一只折翅的鸟儿,不如重新开始,这样,终有一天他可以凭借自己的力量飞翔。

笨鸟先飞

以前听笨鸟先飞的故事,总以为忙忙碌碌、手脚不停,将时间攥在手心里的人是落后的一群。后来发现不是。班级里分秒必争的总是成绩好的学生,而那些成绩一般或是比较差的学生一直很悠闲,不是找不着事做,就是推托回家再做。他们的时间多半用来闲聊或打闹,也常因此惹出是非。

很多人会说,这很正常啊,不努力自然学习成绩就差。他们要能像好同学似的将时间攥在手心里,就不是现在的模样了。

可是,笨鸟为什么不愿意先飞呢?

如果我们把整个学习过程比作一条实线,那么,所有没有按时完成的知识就会在这条线上留下一个又一个的缺口,使之成为虚线。这个空缺不会消失,除非你将这块知识找到补上。空缺出现的愈多,对新知识形成的障碍就愈大,众所周知,知识是连贯性的,新知识总是对旧知识的提升和拓展。

有许多知识缺口的学生,我们暂时称之为笨鸟,这里的笨是笨重的意思,因为他负担了非常多的知识缺口,以至于很难张开翅膀飞翔。即使有一天,他忽然意识到了知识的重要,并且也付出了十分的努力,却成效不大。除非他将旧知识的缺口及时补上,否则他无法顺利地学习新知识。

边学新知识边补旧知识的漏洞,需要更多的时间和精力,而在忙碌的学习生活中,学生很难得到足够的时间和空间。在这种情况下,放弃努力,重新开始混日子的学生不在少数。然而,他们的心里还是期望自己可以飞翔的,并且,随着年龄的增长,这种渴望也在增长,只是苦于翅膀背负了太多旧债,无法展翅。

所以,为了避免这种情况,我们必须努力减少知识的缺口,一旦有缺口也应该及时补上,而不是等上十天半月甚至更久。这和我们所说的脚踏实地的学习是一个道理。古语说:不积跬步,无以至千里。在学习的道路上没有捷径可言。任何投机取巧的办法无疑是自挖陷阱,自掘坟墓,都是对自己造成最大伤害的愚蠢行为。

在教学过程中遇到不少聪明的孩子,因为没有良好的学习习惯,他们的学习成绩非常差。一问,好些是从小学两三年级就不学习了的,家长和老师也没什么好办法,这样混到了初中,根本没有学习的心思,上课打瞌睡,下课满天飞。比如有个孩子初一了,数学水平还停留在加减法上,乘法口诀都背不完全。他的班主任花了很多的时间来帮他补习,效果甚微,主要原因是,旧的缺口补上的同时,新的缺口也在不断扩大。时间长了,他自己先绝望了。

可见,笨鸟先飞也是要有一定条件的。他落后于同伴的知识不宜超过一周,再多,就比较辛苦了。如果落后于同伴一年甚至三五年,还是让他离开原来的队伍,停下来,补完旧知识再加入新的队伍为好。毕竟,相对于整个人生,短暂的停留是值得的,与其做一只折翅的鸟儿,不如重新开始,这样,终有一天他可以凭借自己的力量飞翔。

第二十八篇

> 一个孩子的成长需要父母的爱,这便如一棵小树的成长需要阳光雨露。

一张孤独的沙发

晓谕升入初中不到两个星期,所有的任课老师都对他有了深刻的印象:上课不听,拖拉作业,承认错误态度好,但是屡教不改。

晓谕的父母在两年前离婚了,现在他和爸爸生活在一起,他的妈妈不在苏州。晓谕说,他很想自己的妈妈,想和妈妈生活在一起,尽管他的父亲对他百依百顺,关怀备至。

妈妈在离苏州几百公里外的小县城。晓谕说,妈妈的工作就是打麻将,他希望自己可以陪在妈妈的身边,希望妈妈有份正经工作。晓谕这样说的时候,显得很成熟,他补充道:"打麻将又不是工作,打麻将不好。"

小蓟现在是初三的学生了,他每天很早到学校,但却不是因为他爱学习。小蓟说,他睡不着。我问他几点睡觉,他说:"总是要12点过后。"

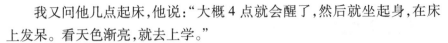

我又问他几点起床,他说:"大概4点就会醒了,然后就坐起身,在床上发呆。看天色渐亮,就去上学。"

我问他白天困不困,他说:"困了就睡觉呗。"

小蓟经常在课堂上睡觉,他脾气暴躁,被老师叫醒了还跟老师急。

他的父母在暑假里离婚了,小蓟和爸爸一起生活。小蓟说,家里人常说他笨,他也不爱和他们说话。

小豆也上初三,他的父母也离婚了。小豆讨厌他的妈妈,因为奶奶告诉他,是妈妈抛弃了他们,妈妈是个坏女人。

小豆喜欢啃手指甲,上课的时候也啃,要不就揪着衣服的一角玩。小豆不爱说话,对什么事情都是懒洋洋的,提不起精神。

当了十几年老师,看见过许多离婚家庭的孩子,好些都是爷爷奶奶带。也有成绩好,并且懂事乖巧的,但多数人对生活不抱希望,过一天是一天。脸上没有灿烂的笑容,动作神情是迟缓和漠然的。

其中一个孩子给我说起过他经常重复的梦,在梦里他总是一个人孤单地坐在一张巨大的沙发上,周围是浓到化不开的黑。他问我,怎样才能不做这个梦,他说他害怕,他经常玩游戏或者看电视到很晚,就是为了躲开这个梦。我听了很心疼,知道他是想念自己的爸爸妈妈了。他和爷爷奶奶生活在一起,爸爸有了自己的新家,妈妈也有了自己的新家,他却不知道自己的家在哪里。

即使一个成年人,在遭遇家庭变故的时候,也是无法控制自己的情绪,难以安心工作的,更何况是一个孩子呢。我们当然可以给这样的孩子讲许多大道理,譬如"天将降大任于斯人也,必先苦其心志"。我们也可以搬出一堆古人今人的事例勉励他们,从古代的舜到现代的奥巴马,这都是单亲家庭的孩子啊,人家都成君王总统了,可见出生不重要,关键在自己。但是人的经历是无法复制的,单亲家庭也各不相同。看着这些孩子,我只希望他们能够在爱的包围中健康快乐地成长,是否单亲并不重要,重要的是让他知道,他的爸爸妈妈爱他,无论他在哪里,他们的爱都将陪伴他成长。

孔子说:"仁者爱人。"

一个孩子的成长需要父母的爱,这便如一棵小树的成长需要阳光雨露。

> **第二十九篇**
> 世界如此广阔，不肯出。百年钻故纸，何日出头时。

STOP！这不是玩笑

X是小个子，长得相当可爱，平日里也很文静。最近一次的作文里，他突然发怒了。他写道："在不断被骗后，我觉得有些人还不如动物。"原来，最近常常有同学故意问他借文具，然后又说丢了，不再还他。他们说："老师，我只是跟他开玩笑。"

上课时，大家正在安静地默写，忽然"砰"的一声，吓了大家一跳，原来是J用力拍了Z，"老师，Z作弊。"老师批评了Z，也批评了J，告诫他不可以拍打同学，J却说："老师，她又不怕疼的。我打她，她还笑呢。"

……

玩笑，字典上这样解释：玩耍和嬉笑。

这些自以为在开玩笑的孩子，很显然混淆了概念。他们以为自己开心，就是玩笑。

电影《放牛班的春天》讲述了一个发生在少教所里的故事。电影里有一个玛萨斯大叔，很善良，很温柔，所以常常被调皮的学生当成戏弄的对象。马休到校的第一天，正遇上玛萨斯大叔被一个调皮鬼砸破了脑门，而校长则随心所欲地重罚了一个无辜的学生。当马休老师找到真凶，要惩罚他时，小东西吓坏了，不停地求饶："老师，我只是开玩笑的。老师，我再也不敢了。"

那些孩子不懂得玩笑不等于恶作剧，更不懂得玩笑不应该伤害他人。校长没有耐心教导孩子们懂得这一切，他粗暴地说："他们不需要讲理，他们需要的是处罚。只有处罚才能让他们变得规矩一些。"

在这样的环境里,孩子们当然不会懂得爱,也不知道什么是关怀。他们彼此仇恨,以伤害弱小者为乐。相互辱骂、殴打成了他们沟通的方式。

我想起了天空里的飞鸟。晴朗的早晨,总能见到一群群的飞鸟。稍大些的鸟儿比较少,它们展开略宽大的翅膀,乘着风儿,姿态优美地滑翔着。更多的是小个的鸟儿,它们不停扑腾着翅膀,在空中忙碌而热闹地飞着。因为一直扑腾,所以没有力气飞到高远处,它们所见到的永远是一片窄小的天地,和那片天地里同样扑腾的鸟儿,它们相信这就是生活的真相。

电影里的孩子们就像这些扑腾的小鸟,他们被关押在学校里,以为人生就是简单粗暴的生活,他们的乐趣就是互相取笑和互相伤害。没有人向他们展示这世上的另一种生活——有爱、有温暖、有芬芳的生活。

马休老师很难过,他决定教给孩子们爱与情感。他是一个失败的作曲家,但是,他的音乐征服了这里的孩子。他们像沙漠里的小树一样汲取着爱的甘露,在马休老师的帮助下,他们用优美的歌声融化了心中的坚冰,纯净的笑容重新回到了他们的脸上。

马休老师通过他的方式告诉我们,爱不仅仅是语言,更多时候,爱是一种行为方式。你的眼睛,你的肢体,你的一切,都是你传递爱的渠道。

用惩戒去对付弱小的孩子,无疑是关上了一扇通往爱的大门,带来的结果是异常可怕的。电影里有一个叫穆丹的孩子,显然已经被仇恨抹掉了人性的大部分温柔,在遭遇到校长的不公对待后,他放火烧了校舍,当火焰冲向天空的时候,他只是冷冷地看着。

古灵禅赞禅师悟道以后,一天,看到他的授业本师在窗下看经,正好有一只蛾子飞投纸窗钻不出来。古灵于是说:"世界如此广阔,不肯出。百年钻故纸,何日出头时。"

马休老师的伟大之处就在于他带领着撞纸的孩子们走出了大门,让他们看见了世界的爱与温暖。因为他懂得,只有秉着这样的生活态度,我们才能在人生的道路上愈走愈宽广啊。

所以,当孩子犯错的时候,如果你惩戒他,请也一定告之惩戒的原因,并且令他相信,无论发生什么,你始终爱他。

第三十篇

执着于外在，必受控于外在，于痛苦厌倦中反复。

痛苦与厌倦

叔本华说：人类的幸福有两种敌人，痛苦和厌倦。进一步说，即使我们幸运地远离了痛苦，我们便靠近了厌倦；若远离了厌倦，又靠近了痛苦。

做着不满意的工作，拿着不够花的薪水，看着无法享用的物品，工薪族的痛苦是具体的。结婚前存钱买房，结婚后存钱还贷，有了孩子要存钱供他上各种学习班，好容易熬到退休，孩子又该结婚了，得帮忙存钱，帮忙还贷。为了薪金，不该的虚伪也装了，不该的委屈也忍了，工作的热情在繁琐中渐渐冷却。生活中的每一点小小的不如意，都成了折磨身心的魔鬼。工作、家庭、社交，到处是操不完的心。终于有一天，付出的努力有了回报，薪水加了，职位升了，一切都奔着既定的目标去了，又开始厌倦。厌倦一成不变的生活，厌倦你来我往的应酬，厌倦没完没了的工作……

生活的本身就是痛苦。幸福在哪里？

亚里士多德说：幸福就是自足。很多人把"知足常乐"与幸福画等号。其实，自足不等于知足。自足是主动的获得，知足是消极的忍受；自足指向内在，知足指向外在。自足是把自己看作唯一的持久的幸福源泉，知足是对外在的强大的忍受力。自足是身心协调的结果，知足是超强意志力的结果。成为自足者的必要条件是拥有一笔稳定的足以维持生计的收入，可以保证他在沉浸于冥想的时候不用担心明天的早餐。乞丐或者可以享受知足的快乐，却无法得到自足的幸福，当思想在米饭和汤之间盘旋的时候，要获得内心的平静与和谐是困难的。奇怪的是多数人在生存有保障的情况下，依然无法获得自足。饭是要吃的，但是能经常换换口味更好。佛靠金装，人就更少不了华服装点门面。房子愈住愈大，车子愈开愈好，赚的总没花的多，花的总没想的多。

叔本华称这种人为"没有心灵渴求的人"。他的快乐来得快，去得也快。幸福是有的，却不能持久。对外在的依恋迫使他竭尽全力追逐名利，结果不是陷入痛苦，就是被厌倦包围。得不到痛苦，得到了厌倦，他就陷在这样的怪圈里，再也无法逃脱。

可见自足者必须是淡泊名利、内在丰富的人。他们知道尘世的一切终究远离自己而去，只有"我"，自始至终陪伴自己。让"我"更充实，更满足，更和谐，才能得到真正的幸福。所以内心丰富的人，即使生活困顿，依旧喜悦。内心贫瘠的人，尽管锦衣玉食，仍然痛苦。获得心灵力的人，面对一株花，一棵树，也能体味人生乐趣，让身心舒适愉悦。"江上之清风，山间之明月"，皆是财富，这种无处不风景、无处不自在的生活态度，正是幸福的源泉所在。

卢西安言：心灵的财富是唯一真正的宝藏，其他的财富，都可能带来比该财富本身更大的灾害。且不论其他财富是否带来灾害，但心灵的财富是宝藏是错不了的。执着于外在，必受控于外在，于痛苦厌倦中反复。发展心智，对痛苦与厌倦保持中立，或者是通往幸福的不错选择。

第三十一篇

志向高远的人，智慧足以摆脱物质的束缚，精神上可以达到无所依赖、绝对自由的境界。

庄子理解的幸福

庄子在《逍遥游》中写到了大鹏鸟和学鸠。学鸠嘲笑大鹏鸟说："你看我,想飞就飞,拍拍翅膀就飞到灌木上,再拍拍翅膀就落到地上,又轻松又快活,吃得好,睡得好,多幸福。你这个傻子,一飞就是九万里,去那么远的地方做什么?"

大鹏鸟没有回答。

庄子评论说:"小知不及大知。"意思是说:"小智慧的人不懂得大智慧的人的志向。"

风和日丽的日子里,学鸠固然是快乐地生活着,但是稍大一些的风就能把它吹倒,稍大一点的雨就能把它淹没。在命运的风浪面前,它无能为力,只能在颠簸中挣扎求生。老舍塑造了一个祥子,健康的、活力四射的年轻人,只缺了抓住命运的智慧,草草一生,令人惋惜。大鹏鸟则不同,风雨愈大,它飞得愈高,生活的苦难是最好的试金石,苦难愈深沉,它的人性的光芒愈是璀璨夺目。

庄子还说到了一种叫蟪蛄的小虫子,春生夏死,夏生秋死;一种叫大椿的树,八千岁为春,八千岁为秋。他说这是小年和大年,小年不及大年。

庄子的意思是说,目光短浅的人不懂得志向高远的人。人的生命是有限的,但精神世界是无限的,神人可以无所依赖、绝对自由地遨游于永恒的精神世界。目光短浅的人追求衣服、食物、房屋等物质的东西,吃好,睡好,长大成人后就结婚,繁衍后代,一生的大事就算完成了。庄子说,这种人的生命就好比蟪蛄,蟪蛄从出生起就不停地吃、睡,为的是长大、繁衍后代。完成使命后,它的生命也就结束了。这样的人生,受困于物质,琐碎的小事也可以影响到他的快乐与痛苦,心灵没有长久的安宁,在世俗里奔波忙碌,惶惶不可终日。志向高远的人,智慧足以摆脱物质的束缚,精神上可以达到无所依赖、绝对自由的境界。因为不受困于外物,便有了更多的时间徜徉于精神世界,随心所欲,自由自在,心灵获得了长久的安宁,没有任何事物可以改变他的心境,每天都享受着生命的喜悦,快乐无边。

所以说,大知者,大年者也,小知者,小年者也。

庄子用一则寓言,说出了他对幸福的理解。

> 黑白颠倒，本末倒置，这都是过于注重形式惹的祸。

形式惹的祸

最近看魏晋历史，感触很深。有时候，中国人太注重形式，以至于忽略了内容。

西晋有三个著名的孝子：王祥、荀顗、何曾，同日被拜为三公。这三人中，王祥最有名，是二十四孝之一，卧冰求鲤，说的就是他。今天讲讲另外两个。

先说荀顗，他如何孝顺呢？听说妈妈担心他，忧啊愁啊，整日眉头不展，他就辞去官职侍奉母亲，大概是很辛苦，把自己弄得惨不忍睹。大家就纷纷夸他孝顺，又推荐他做官。他当然是去了。这个人其实是百分百的小人，最擅长阿谀逢迎。那时候，皇太子要纳妃，他为了讨好权臣贾充，就推荐贾充的女儿贾南风，说她"姿德淑茂"，就是又漂亮又贤惠且才德出众。其实呢，这个贾南风是出名的性格恶劣，容貌丑陋。那荀顗不是睁眼说瞎话吗？就这么个小人，成了三公之一，凭的就是孝子的模样啊！

再说说何曾。何曾不仅大孝，还特别注重礼法。家里不准听音乐，不准搞任何娱乐活动。晚年时，他和妻子一年只见三次面，见面后行宾客之礼，礼毕，各回各房。他的这种做法，赢得了当时上流社会的最大褒奖，他们称赞他是"百世之宗，天下之命，君子之仪表"。不知道他的家人是不是也这么想。

他一天要吃掉一万钱，即使这样，还常嫌菜肴不精，无下箸处。不但如此，这人还是个十足的小人，心胸狭隘，睚眦必报，经常利用手中的权势公报私仇，和荀顗一样，他也依附贾充，极尽谄媚之能事。

西晋人服膺的是"名教"，特别注重名分、等级，即孝悌礼法。"孝"于是成为选拔官员的重要手段。大家争相比孝,就比如上文所说的三位,哪个不是影帝呢?

卧冰求鲤,且不说小孩会冻坏,用身体捂化坚冰,可能吗?如果是薄冰,砸开不就行了?孔子说:所谓的孝顺就是不要让父母担心你身体是否健康。荀顗到底做了什么?让自己的母亲担忧至此,回来后又不能陪着妈妈好好生活,哪里有孝顺。至于何曾,整个病态啊!

苏洵在《辨奸论》中写:"凡事不近人情者,鲜不为大奸慝。"

以上三人的表演可有合乎人情?可叹居然瞒过当权者,名利双收!

世人看在眼里,纷纷钻研起"孝"的形式,只要豁得出去,狠得下心,老着面皮,装到底,就行了呗!所以晋朝的风气很差。干宝说:官场已经溃烂了。

黑白颠倒,本末倒置,这都是过于注重形式惹的祸!

第三十三篇

之前看顾城的故事,其中有一段写他在岛上的生活,他说,有几年就是锄地、干活、吃饭、睡觉。忽然有一天,听到那么悦耳的鸟鸣,看见那么美丽的花木,于是感慨:只有最美的心才能看见最美的世界!

最美的心才能看见最美的世界

美国诗人惠特曼在一首诗中写道:"有一个孩子每天向前走去,他看见最初的东西,他就变成那东西,那东西就变成了他的一部分……"

《童年》中的小阿廖沙,遇见了慈爱明朗、乐观坚毅的外祖母。他爱她:爱她温柔的声音,爱她美丽的故事,爱她对待世界的态度。他的心里因为驻满这样的爱与美好,再也没有让丑陋停留。

《呼兰河传》中的小女孩,有一个宽容豁达、明朗爱笑的外祖父。她爱他:爱他自由自在、无拘无束的快乐,爱他对自然对人的宽容豁达。她的心里因为住过这般放肆的爱,不灭的温暖,再也没有被不幸打倒过。

　　孩子啊,孩子,当你往前走的时候,祝福你一路看见的都是爱与美好。

　　可惜,现实不是童话。

　　雷夫在他的《第56号教室的奇迹》里写了这么一件事:不久前,我教过的两个学生回到学校来,做了一些令人意想不到的事。几年前,他们满脸笑容地坐在我的教室,参加了课外活动,也演出了莎翁名剧。我曾经带着他们四处旅行,至今我的相册里还满是这两个男孩的微笑、大笑。两人都承诺未来秉持两倍的和善与勤奋。没想到,他俩在某个下午带着烟幕弹回到母校,跑过大厅和走廊,向教师投掷烟幕弹,恣意毁坏公物,教师的车辆也一同遭殃。我的车就是他们第一个下手的对象。一连好几个星期我都睡不好,我不断地反问自己,这两个孩子怎么会在这么短的时间里变成这个样子?

　　雷夫老师痛苦,因为两个曾经可爱的孩子突然变得粗鲁、野蛮、残忍、可怕。

　　我们看见了美好,也看见了丑陋。我们看到了光明,也看到了黑暗。

　　我们选择什么停驻心间?

　　这个世界有一种奇怪的论调:以成败论英雄!

　　这种不论手段只看结果的调调,导致的最可怕的结果是:人们的心里装满了计谋、私利、傲慢、恐惧……

　　这样的心,怎能看见最美的世界?看不见美的世界,用什么去温暖、洁净你的心灵?!

　　苏东坡在"乌台诗案"后参悟人生:"江山风月,本无主人,闲者便是主人!"

　　世上的美本无主人,知美爱美的人就是主人!

　　之前看顾城的故事,其中有一段写他在岛上的生活,他说,有几年就是锄地、干活、吃饭、睡觉。忽然有一天,听到那么悦耳的鸟鸣,看见那么美丽的花木,于是感慨:只有最美的心才能看见最美的世界!

　　说得真好!

第三十四篇

生活中的牛屎堆很多，一不小心就会踩到，但重要的是，我们能警醒于它的臭气，而不是贪图它的温暖。

小鸟与牛屎堆

一只小鸟正在飞往南方过冬的途中，天气太冷了，小鸟冻僵了，从天上掉下来，跌在一大片农田里。它躺在农田里的时候，一头母牛走了过来，而且拉了一泡屎在它身上。冻僵的小鸟躺在牛屎堆里，发觉牛屎真是太温暖了。牛屎让它慢慢缓过劲来了！它躺在那儿，又暖和又开心，不久就开始高兴地唱起歌来了。一只路过的猫听到了小鸟的歌声，走过来查个究竟，顺着声音，猫发现了躺在牛屎堆里的小鸟，非常敏捷地把它刨出来，并将它给吃了。

这是一则有意思的寓言，比喻虽然粗俗，却很真实。

我们都曾经是那只飞向理想世界的小鸟，只是经历了某些困难后，一部分人卸下了翅膀，甘心在乌烟瘴气中享受着物质的快乐。与许多从天上掉下来，却落在冰冷的湖里、荒凉的沙漠里，或者荆棘丛中的鸟儿相比，落在牛屎堆里的小鸟自认是幸运的，是有资格高兴地歌唱的。它甚至看不起那些不甘认命，总是试图振翅高飞的鸟儿，即使有一天，它们中的一些会飞到温暖的南方，在自由的空气中尽情歌唱。

面对死神，小鸟为自己辩解说：我其实是最可怜的，如果当初不是落在牛屎堆里，而是冰冷的湖里，哪怕是荆棘丛中，那么，今天我也能呼吸着自由的空气，快乐地歌唱。

真是这样吗？

我们读孟子的《生于忧患，死于安乐》，总觉得环境是很重要的，但没有那个做选择的人,环境是不能发生作用的。

人,一旦有了羞耻心和不甘心,大概牛屎堆总是不愿意长久呆下去的,更不用说高兴地歌唱了。缓过劲来后,他终究还是要振翅高飞的。

下班等车的时候,时常能遇见一些职中或者高中的学生。有一次,听见坐在我后面的两个女学生在谈论坐台小姐,她们流露出来的那种羡慕、向往让我吃惊。这样的职业,大概正是一个牛屎堆,有丰厚的收入,没有艰苦的工作环境,只是臭气熏天,是靠着出卖自己的人格尊严来图安逸享乐的生活。但凡有些羞耻心的人,都是不屑染指的,希望那两位女学生只是说说而已。

生活中的牛屎堆很多,一不小心就会踩到,但重要的是,我们能警醒于它的臭气,而不是贪图它的温暖。诗经《相鼠》中写:"相鼠有齿,人而无止。人而无止,不死何俟。"可见羞耻心,正是做人的根本。

第三十五篇

一个人,其知适足以知人之过,而不知其所以过,应该无法称其为人了吧。

像刀剑一样的眼睛

遇见过这样一个人,和他相处的每一分钟,都听见他的抱怨。抱怨自己太过善良,抱怨人心太坏,抱怨诸事不顺,抱怨无人理解。

我很是同情,一边随着他的感慨唏嘘,一边为自己过得够好惴惴。正当我们都沉浸在这种情绪之中的时候,门被推开了。我们的同事小美走了进来,看见他,很客气地说:老李正找你呢,快去吧。

却见他脸色难看地站起身,很是无礼地昂起头,从小美的右侧绕过,

种幸福的人

用很大的声音关上门,出去了。

小美委屈地看着我,问:"我做错什么了吗?"

我错愕地看着那扇绿色的厚实的门,说不出话来。

这样的人,还是第一次遇见。

工作的学校离家很远,要转一次车。早晨出门的时候,站台上总是挤满了人,老人,上学的孩子,和我一样的上班族。有了座位,我总是要让人的,让给老人和孕妇。上学的孩子一般不让,因为看不得他少爷似的坐着,空着双手,却让送读的老人满手满怀站在身边。

那日,汽车开到三香路的时候,上了一位老人,花白的胡子,精神却很矍铄。我很热心地将座位让给他,因为离下车的时间还早,我便站在那里,一只手很自然地搭在了老人身前的扶手上。出人意料的是,老人很用力地打了我的手背,我吃惊地望着他,却看见他愤怒地望着我,似乎生气我居然不离开,居然还将手搭在他身前的扶手上。那一刻,我简直是被惊吓到了,能够听到自己不规率的心跳声,我狼狈地逃离了那位老人,在远远的地方停下,甚至不敢回头看他一眼。

庄子在《人间世》中讲了这么一个故事:言阖将被请去做卫国太子的师傅,他向卫国贤大夫蘧伯玉求教:"如今有这样一个人……他的智慧足以了解别人的过失,却不了解别人为什么出现过失。像这样的情况我将怎么办呢?"

蘧伯玉说:"问得好啊!要警惕,要谨慎……"

在"他"或者"老人"的眼中,看待别人的眼睛大概都是锋利的刀剑吧,挑开表皮,在说不清哪个极细小处就看见了过失,随即像挑个鸡眼似的,剜了。别人的感受如何,他们是不知道的,至少自己是痛快了吧。

孔子的弟子问仁,孔子说"是'恕'吧"。班里的两个孩子在争吵,其中一个不满意地对我说:"老师,如果我宽恕他,他就得寸进尺地欺负我。你说的什么'仁'我不觉得有什么好。"是啊,如果"仁"只是等同于吃亏,还有多少人能够坚守呢?可是,如果大家都警惕地守护着自己,满怀戒备地面对他人,患得患失,人生还会有乐趣吗?

> **第三十六篇**
>
> 愿我们都能在纷扰的世界里,找到自己灵魂的归属,从此填满这欲望之壑吧。

也不是很开心

一个16岁的初三女孩,在诉说她的烦恼时说:"老师啊,我真的很不开心呢!我才看中了一双球鞋,可是爸爸却不给我买啊。"她说话的时候,手机响了,于是她停止了抱怨去接电话。

等她接完电话,我问她:"什么时候买的手机啊,很漂亮呢。"

她很有兴致地告诉我,是用她的压岁钱买的,"很漂亮吧,"她说,"我想要可很久了。"

"终于得到了,很开心吧。"我说。

她于是有点失落,想了一会,才回答:"也不是很开心啊。"

……

很多人的一生,总在不停地要:要一座大房子,要一辆好汽车,要一堆花不完的钱,要更多的爱,更多的美,更多的荣耀……在不断要的过程中,逐渐耗尽了心血。

"老师,我真是无聊啊。"经常有学生这么说。

"无聊,去看书啊,书里有很丰富的人生呢。"我说。

"不行啊,看书更无聊,那么厚的书,什么时候才看得完啊。"他心不在焉地回答。

是啊,眼前有很丰富的电视节目呢,有声有色,比沉默笨重的书自然要好看得多。可为什么无聊呢?他们不懂了。

"如果我有钱,第一天,我就……第二天,我就……第三天,我就……"

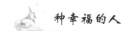
种幸福的人

人们可以无止境地数下去,一直到很远很远的未来。但真的都要到了,大概也就是说:"也不是很开心啊。""还是无聊啊。"

每天都在得到,但每天都还是不够开心。

我弟弟的儿子,今年三周岁,过着锦衣玉食的生活,应该是幸福的了。但他也有烦恼,妈妈辞了工作在家带他,他也不觉得满足,总是想去大超市,去了之后必买自己喜欢的玩具。但他还是经常哭,为了别的孩子有他却没有的东西而哭泣,为了牙痛的时候吃不到巧克力而伤心,为了没有人在深夜带他去看月亮而难过……

对于小小年纪的他,这样的生活竟也充满了不如意呢。马上要上幼儿园了,不能睡懒觉,吃饭游戏都要听老师的安排了,他会更烦恼了吧。

婴幼儿,少年人,成年人,人人都有数不尽的不如意吧,最好的时候,也不过对自己说声:也不是很开心啊。

为什么呢?

原来幸福只有拥有大智慧的人才能得到。因为他的心思,必然从外在的世界转向了内心的世界。

物质固然丰富多彩,但终究是过客。一座房子,一辆汽车,一顿美餐,都不过是曾经拥有。拼尽全部的心力,为的只是一个又一个的过客,再怎么看,也显得愚蠢。看不透的,偏偏更抓紧,更努力,却终也改不了失去的命运啊!所以才会愈努力愈痛苦,愈得到愈惶恐吧!

林清玄在《巴西龟》中写着:愿我们都能在纷扰的世界里,找到自己灵魂的归属,从此填满了这欲望之壑吧。

第三十七篇

拥有意味着责任，令其更加美好的责任。

拥有意味着责任

费雷迪去超市偷东西，被发现了。超市主人打电话给他妈妈的朋友龙应台。龙赶紧过去，看见几个大人围在一旁。超市主人小声对龙说："他真怕了，不要吓到他。"

龙和老板握手，感谢他对孩子的温和与体谅，并且答应会和弗雷迪的父母解释情况。

第二天一早，弗雷迪和他爸爸捧了一束鲜花，去超市向老板鞠躬道歉。

在我上小学的时候，有一次误拿了同桌的语文书，心里十分害怕被人叫"小偷"，于是偷偷把书藏了起来。偏偏第二天妈妈找到这本书，又给我送到学校里来。同桌拿着失而复得的语文书高兴不已，竟什么都没有问我，更没有一句责怪！我心里无比轻松自在，觉得一块大石头落地了！

8岁的小涛拿着1.1元钱去超市里买包方便面吃，大约过了半个多小时，一名超市女服务员找到了他妈妈，说小涛偷了超市里一辆价值15.9元的玩具赛车，按"偷一赔二十"的标准，需要赔318元。小涛的爸爸立即去向别人借钱，一直没借到。到了上午10点多，他便拿着50元钱去换孩子，并把孩子痛打了一顿，向营业员说了一些好话，交了50元的赔款后，领走了孩子。

……

费雷迪和我是幸运的，超市主人的温和体谅，小学同桌的宽厚纯净，让我们在做错事的时候，仍然得到了支持与爱！可怜的小涛就不一样了！

种幸福的人

他遇见的超市女服务员是多么令人畏惧,多么冷漠无情!而他的父亲又是多么无奈无助无情!

贾平凹的《月迹》里有这么一句话:我突然觉得,我们有了月亮,那无边无际的天空也是我们的了,那月亮不是我们按在天空上的印章吗?

我问学生:"你们怎样理解月亮是我们按在天空的印章?"

学生回答:"按上印章,天空就属于我们了。"

我问:"拥有天空,对我们而言,意味着什么呢?"

他们笑了,我们正在读《小王子》,小王子说:"我拥有一朵花儿,我每天给花儿浇水。我拥有三座火山,我每星期都要清理一次……我拥有它们,对它们都有好处。"

所以他们开心地回答道:"拥有天空,意味着我们对天空都有好处。"

"拥有",百度词条解释为:得到或者保持着某种东西。在这个世界上无数的拥有中,最珍贵、最神奇也是最美妙的无疑是孩子。每一个孩子在成长的过程中或多或少都会犯错,对待他们犯错的态度,我想应该是慎之又慎的。我们既要指正他们的错误,督促他们成长,更要呵护他们柔弱的心灵,守住他们内心的纯净和美好!这是我们每一个成人对孩子的责任!

可是,总有人将得到和保持理解为能力和力量,他们因此认为"拥有"意味着权利。

超市的女服务员和小涛的父亲认为自己拥有惩罚的权利,可是他们忘记了自己更拥有保护孩子的责任!我们需要让犯错的孩子知错而后改错,但是不能让他遭受屈辱和打击!屈辱和打击对孩子稚嫩心灵造成的可怕伤害,已经让我们看到了太多的悲剧!

小王子以为拥有是一种责任。我喜欢他的解释!我希望我的学生们也能够这样去做:拥有天空,所以我们有责任让天空美丽;拥有同学,所以我们有责任让友谊美好;拥有家庭,所以我们有责任让家庭幸福!

拥有意味着责任,令其更加美好的责任!

第四辑 教育童话

世界上有一粒种子，像核桃那样大，绿色的外皮非常可爱。凡是看见它的人，没一个不喜欢它。听说，要是把它种在土里，就能够钻出碧玉一般的芽来。开的花呢，当然更美丽，不论是玫瑰花、牡丹花、菊花，都比不上它；并且有浓厚的香气，不论是芝兰、桂花、玉簪，都比不上它。可是从来没人种过它，自然也就没人见过它的美丽的花，闻过它的花的香气。

　　有一天，种子飞起来，像坐了飞机。飞呀，飞呀，飞呀，最后掉下来，正是一片碧绿的麦田。麦田里有个年轻的农夫，皮肤晒得像酱的颜色，红里透黑，胳膊上的筋肉一块块地凸起来，像雕刻的大力士。他手里拿着一把曲颈锄，正在刨松田地里的土。他锄一会儿，抬起头来四处看看，嘴边透出和平的微笑。

　　他看见种子掉下来，说："吓，真是一粒可爱的种子！种上它吧。"就用锄刨了一个坑，把种子埋在里边。

　　他照常工作，该耕就耕，该锄就锄，该浇就浇——自然，种那粒种子的地方也一样，耕、锄、浇，样样都做到了。

　　没几天，在埋那粒种子的地方，碧绿的像小指那样粗的嫩芽钻出来了。又过几天，拔干，抽枝，一棵活像碧玉雕成的小树站在田地里了。梢上很快长了花苞，起初只有核桃那样大，长啊，长啊，像橘子了，像苹果了，像柚子了，终于长到西瓜那样大，开花了。瓣是红的，数不清有多少层，蕊是金黄的，数不清有多少根。由花瓣上，由花蕊里，一种新奇的浓郁的香味放出来，不管是谁，走近了，沾在身上就永远不散。

　　　　　　　　　　　　　　——叶圣陶《一粒种子》

第四辑　教育童话

我不再努力去证明什么,我知道美就在这里,在我的心里,谁也带不走!

流泪的花仙子

很久以前,我对一个可爱的小女孩撒了一个谎:"你知道吗?每一朵花里面都住着一个花仙子。"

小女孩立刻就相信了我,从此她不再摘花,哪怕是像婆婆纳这样的小草花。

后来我无数次重复这个谎言,但是,再也没有遇到过像她这样的女孩。

他们总是嘲笑我谎言的低劣,然后得意地当着我的面采一朵花,甚至都不是为了嗅一嗅它的香味,看一看它的美丽。他们只是为了证明自己是对的,就折下了一朵漂亮的花,然后,毫不留恋地把它扔在我的脚边。

渐渐的,我就不敢再撒谎了。

我长大了,甚至长得有点太大,以至于老到几乎忘记自己曾经撒谎。

直到有一天,我又遇见了那个小女孩。

一开始,我并没有认出她来。

她变了,变成了一个美丽的少女。她有黑宝石一样的眼睛,闪闪发亮的长发和花瓣一样娇嫩的皮肤。

那天,她看见我对着一朵花发呆,她就站到我的身边,和我一起静静地看。

然后,她说:"你知道吗?每一朵花里面都住着一个花仙子。"

她的声音真好听,让我一下子就相信了她说的一切。我说过,我太老了,都忘记了自己曾经撒谎。

但是,我很快记起了人们对我的嘲笑。我急切地拉住她的手,似乎是怕她会突然逃跑。

"快给我看花仙子在哪里!"我摘下眼前最大最美的那朵花儿,伸到女孩面前。

"快给我看花仙子在哪里!"我说。

可是,小女孩哭了。她的眼泪像泉水一样涌出来,最后,她和她的眼泪一起化作河流,流向远方。我的那朵花儿被风吹起,飘飘地落向小河,我于是看见花心里一个流泪的花仙子,她那么小,那么精致,那么美。可是,她要死了,因为我毁了她的家。

从那天起,我变了。我不再努力去证明什么,我知道美就在这里,在我的心里,谁也带不走!

因为我曾经亲眼看到过流泪的花仙子!

第二篇

上帝在天上看到了这一切,心里非常难过。他不明白自己的孩子们在惧怕什么。难道,邪恶比真理更令人恐惧吗?

蛇 的 罪 恶

在和我们平行的一个世界里,住着一群奇怪的动物。他们和我们一样,有学校,有工厂,有政府机关……总之,我们有什么,他们就有什么。唯一的区别就是,他们不是人。

在这个世界里,有这样一所学校。校长是一只小黄鼠狼。尽管他看起来很强大,实际上,他非常胆小。因为,他就是一只黄鼠狼啊。

有一天,有人向他举报,说蛇在利用自己老师的身份,做卑鄙龌龊的事情。黄鼠狼就命令羊去调查这件事。几天后,羊报告说,动物们的议论没有错。黄鼠狼想:蛇那么狡猾,而且他还有毒牙,万一,万一……黄鼠狼愈想愈怕,就命令羚羊去处理这件事。羚羊心想:你怕惹麻烦,难道我就不怕吗?

蛇在刚开始几天,心里非常害怕。

有一次在学校里,蛇看见黄鼠狼,就用阴沉的眼光盯着他看。其实,蛇一直这样看人,可是,黄鼠狼却害怕了,以为蛇要向自己报复。他命令羚羊尽快处理蛇,可是羚羊根本不理睬他。黄鼠狼接连做了几天噩梦,最后,非但没有处理恶毒的蛇,反而给了他更多的好处。

从此以后,蛇越发卑鄙、无耻、下作。

最可怜的,就是那些在蛇的教导下成长的小动物。他们年龄小,遇到事情没有什么经验。而且蛇那么恶毒,令他们既恶心又害怕。一年又一年,无数的小动物从这个学校毕业,走进另外的学校。

后来,其中一只小动物出息了。

他回到这个学校,将蛇赶出了校门,关进了永不见太阳的地狱。

蛇一点也不难过,他用毒牙威胁看管地狱的门卫,顺利地走出了地狱的大门。

天气晴朗的时候,蛇舒服地晒着太阳,喝着饮料,在他的身边,有一群不知真相的小动物家长,他们在拜托蛇照顾自己的孩子。

上帝在天上看到了这一切,心里非常难过。他不明白自己的孩子们在惧怕什么。难道,邪恶比真理更令人恐惧吗?

上帝于是派猫头鹰天使来到人间,将蛇的恶迹公布于众,知道了真相的人们愤怒地咆哮、诅咒。

可是,为什么这么多年,没有一个受害者,站出来控诉蛇的罪恶?如果真相早一天被揭示,是不是可以有更多的小动物免遭其害呢?

动物们开始反省自己的行为,终于发现坏人最擅长的就是利用好人的软弱。从此以后,小动物们开始被教导成为勇敢者。大家开始鼓励小动物说出真相,并且用行动去帮助小动物们捍卫真相。任何利用自己的权势做坏事的恶毒的小人,都被及时揭发并给予相应的惩罚,学校,真正成为了小动物们安心学习、快乐成长的地方。

第三篇

> 学校最可怕的一项惩罚就是逼迫他们承认自己是个坏孩子,或者是一个愚蠢的家伙。他们被孤立起来,其他孩子被禁止与他们一起玩耍,除非他们真诚地改正自己的错误,并且永远地闭上嘴。

比利的学校生活

比利的学校离家不远,走路10分钟就到了。从7岁起,比利每天6:30准时到校,17:00准时回家。在学校里,他主要学习打造一件东西。至于打造什么东西,谁也不知道。他们的教室是一间巨大的工作室,这个区的所有的7岁至15岁的孩子都聚集在这里。最初的时候,他们被要求用手里的小锤子打一个又红又大的红色三角符号,这很容易,很快所有的孩子都成功地完成了学习任务。老师给他们一个大大的"优",家长因为这个大大的"优"似乎更爱他们了。此时,大家都非常满足和快乐。到了二年级的时候,这个红色的三角符号变小了,一些近视眼的孩子10次有两三次无法击中符号,老师立刻要求他们增加练习的时间,并要求家长在家里督促他重复练习击打的动作。不过总的说来,他们还是快乐的,因为经过一段时间的练习,大部分人能够得到一个"优"。到了三年级的时候,他们需要击中更小的三角形符号,除此之外还增加了一个圆形符号。一些孩子开始厌烦这些枯燥的工作,他们想出各种方法偷懒,但总是被识破,并遭受到严厉的惩罚。

其中最可怕的一项惩罚就是逼迫他们承认自己是个坏孩子,或者是一个愚蠢的家伙。他们被孤立起来,其他孩子被禁止与他们一起玩耍,除非他们真诚地改正自己的错误,并且永远地闭上嘴。

比利一直是个乖孩子,认真地完成老师布置的每一项任务。现在,他能够准确地击中三角符号、圆形符号、梯形符号、菱形符号、正方形符号、长方形符号等等。每年,他都从学校带回去一个大大的"优",这些硕大的"优"贴满了他们家不大的墙壁,是他们最大的幸福。

"爸爸,为什么我要学习击中这些符号?"比利第一次提出这个问题是他9岁的时候,有一天,他忽然对于这种击打运动感到一丝丝的疲倦和厌烦,他从作业堆里抬起头,问站在他身边欣赏墙壁上的"优"的糖果人爸爸。

糖果人想都没想马上回答说:"只要你能够准确快速地击中这些符号,你就能到一个更大的学校里去学习。"

"学什么呢?"

"学制造啊。"

"制造什么?"

"我也不知道。"糖果人憨厚地笑笑,"不过,只要学会了制造,你就可以在宽敞明亮的办公室里喝茶、看报纸,然后会有很多很多的钱。"

"可以买很多很多的糖果吗?"

"多得你都吃不完。"糖果人笑得嘴巴都合不拢,他看着那些了不起的"优",那是他的了不起的比利啊。

比利快乐地笑了,他咂咂嘴巴,好像已经有糖果进了他的嘴巴,他快乐地开始练习了。

比利先把这些符号描摹下来,然后把他们贴在任何一个地方,这样,无论他走到哪里,他都可以练习了。糖果人看着儿子的杰作,心里充满了自豪。

> **第四篇**
>
> 新学期的第二周,豆豆老师和莫老师对同一件事发表了截然不同的两个观点,这让比利非常困惑,究竟该听谁的呢?

比利的两个老师

比利的学校里有100多个老师,其中6个教比利各种知识。比利是个好孩子,他尊敬每一位老师,把他们的话当成是圣旨。

可是,新学期的第二周,豆豆老师和莫老师对同一件事发表了截然不同的两个观点,这让比利非常困惑,究竟该听谁的呢?

吃晚饭的时候,比利对糖果人爸爸说:"爸爸,今天小鸣被老师批评和表扬了。"

糖果人爸爸不解地问:"究竟是批评还是表扬了啊?"

"豆豆老师批评了,莫老师表扬了。"

"哦,这是怎么一回事啊?"

"今天是学校检查日,小鸣是学生代表,就是代表我们发言的。"

"哦。"

"下午上豆豆老师的课的时候,豆豆老师说小鸣给学校抹黑,说学校的坏话,不是一个好学生。豆豆老师还让他写检讨了。"

"哦。"

"后来莫老师来上课,他也说小鸣的事,但是他说小鸣能说真话,很了不起,还让我们向他学习呢!"

"这样啊。那小鸣呢?"

"豆豆老师批评他的时候,他哭了。莫老师表扬他的时候,他还是哭了。大家就取笑他。莫老师批评那些同学,但是他们不怕莫老师,莫老师不跟家长告状,他也不是官。爸爸,小鸣到底该得表扬还是得批评啊?"

糖果人爸爸挠挠头,他从来都是很认真地回答比利的问题的,所以他实事求是地对比利说:"这个问题,爸爸要想想才能回答你。"

比利点点头,继续吃饭。

吃完饭,比利帮忙收拾桌子。糖果人爸爸忽然一拍脑袋,喊道:"我想明白了。"他兴奋地走到工作间,取出两个糖果,说:"比利,这里有两个糖果,一个是橘子口味的,一个是水蜜桃口味的,你喜欢哪一个?"

比利咂咂嘴,说:"两个我都喜欢。"

糖果人爸爸生气地说:"就知道馋嘴。认真想,只能选一个。"

比利看看这个,看看那个,又咂咂嘴,说:"橘子的。"

糖果人爸爸很高兴,举起糖果说:"豆豆老师是橘子糖,莫老师是水蜜桃糖,你喜欢谁就听谁的。"

比利没有听见,他的眼睛死死盯着糖果,早忘了自己提的问题,他悄悄咽下口水,心想,要是爸爸给我吃一个糖果多好啊,橘子的,水蜜桃的,随便哪个都好呀。

糖果人爸爸看看比利瞪大的眼睛,忽然觉得很心酸,他想了想,走到工作间,用手指拈了一点糖屑,对比利说:"比利,来吃糖。"

比利舔着爸爸的手指,忽然说:"爸爸,我觉得小鸣还是不要说话的好,这样豆豆老师和莫老师就没有矛盾了。"

糖果人爸爸没有再理他,只是问:"甜不?"

一种幸福的人

> **第五篇**
>
> 比利在以后的日子里经常会想起那场天空里的电影,想起那片草地,那些风。他喜欢上了阳光,总爱在阳光里坐坐。他觉得自己听到了世上最美的声音。

同学海伦

比利的同学海伦,是从美国乡下来的小姑娘。她有一头乱蓬蓬的金色小卷毛,一双蔚蓝色的大眼睛。她最喜欢的事就是玩。

有一次,还没有下课,她突然站起来,跑到走廊上,张开手叽里呱啦喊着大家听不懂的话。老师吓坏了,赶紧去看出了什么事。同学们不敢出去,都挤到窗口看热闹。

老师和海伦比划了半天,终于明白了,原来海伦在向太阳 Say Hello!比利看着在阳光里欢腾跳跃的海伦,又生气又羡慕又悲伤。老师早就告诫大家了:"海伦是来游学的,她很快就会离开这里,你们不要傻乎乎地跟她学!你们是要考学校的,考不到好的学校就找不到好的工作!后果是可怕的!"

其实,不用老师提醒,比利也知晓的。糖果人爸爸每天都在说,他早就知道了想吃糖果就必须好好学习。

想到这里,比利忽然愤怒了:这个长得莫名其妙的海伦凭什么浪费大家的时间?!

比利于是冲出教室,一把抓住海伦的胳膊。可是,就在比利犹豫着要把她往哪里拖走的时候,海伦已经抓住他的手又蹦又跳起来。原来,她以为比利也是来对太阳 Say Hello 的!不明真相的同学,在比利的"号召"下,欢呼雀跃着,冲向走廊,奔向操场,拥抱无比灿烂光辉的阳光……

老师拼命喊道:"回来!"

可是,谁能听见呢?或者说,谁愿意听见呢?总之,这节课,托海伦和比利的福,大家玩到了!

此后,海伦就把比利当成了最好的朋友,时常黏在他的身边。周末,海伦邀请比利一起去郊游。比利回家问糖果人爸爸,爸爸想了很久,说:"人家这么热情,不去不好!"那天出门,糖果人爸爸给了比利两颗糖果。

郊外很漂亮。草很绿,天很蓝,连风都是香的。可是比利开心不起来,他老惦记着没写的作业。他隔一会儿就问:"可以回去了吗?"海伦不答应。她拉着比利来到一片空阔的草地上,"躺下,我们晒太阳!"海伦说。

比利拗不过,只好躺下。松软的草迸溅着清甜的香味,直往比利的鼻子里窜。一会儿,他就像醉酒似的迷糊了。天空似乎变得特别特别近,远远地走来了一群绵羊,走着走着,变成了一只鹰。鹰一点点变胖变圆,忽然成了一个大大的甜甜圈。比利看着,笑着,终于忘记了作业、学校、工作……

海伦随父母走了。比利在以后的日子里经常会想起那场天空里的电影,想起那片草地,那些风。他喜欢上了阳光,总爱在阳光里坐坐。他觉得自己听到了世上最美的声音。在这个时候,他就想:其实不吃糖果也没什么大不了的。不过,只是想想而已,比利还是很努力,因为他爱糖果人爸爸!

第六篇

"散步有什么用,人家又不会因为你会散步而重视你。我不去。"比利倔强地摇摇头,开始努力敲打图形。

漂亮的玻璃盒子

有一次,比利敲出一个超级完美的三角形,他因此得到了全年级第一的好成绩。比利的老师激动地宣布了这个好消息,并且奖给比利一个漂亮的玻璃盒子。

"亲爱的同学们,老师把这个象征着荣誉的盒子交给比利。如果你也想得到它,你就要敲出更完美的三角形,从比利手中夺过它。"

老师话音未落,比利就感受到了来自四面八方的各种眼神,有的羡慕,有的妒忌,有的欣赏,有的落寞。比利不由得紧紧抱住盒子,好像已经有人在抢夺它。

为了守住这个象征着荣誉的漂亮盒子,比利比以前更努力地完成作业。他苛刻地审视每一个敲好的图形,稍有不满就重新开始。即使这样,有那么几次,小强还是差点从他手里夺取了盒子。比利只好牺牲玩的时间、睡觉的时间,他几乎总是在敲图形。

劳拉是比利的好朋友,她的成绩一般,但她似乎并不喜欢比利拥有的盒子。

"比利,快把那讨厌的盒子扔了吧。"劳拉说。

比利奇怪地看着她,一边把盒子抱得更紧,一边说:"谁也不能从我手里夺走它。"

"可是你不开心啊。"劳拉对比利说,"如果它不能让你开心,就算你拥有它又有什么意义呢?"

比利没有理会劳拉,他精神疲惫,但依然执着地敲打着各种图形。

但小强终于夺走了比利的盒子。当老师要求比利把盒子转交给小强的时候,比利流下了伤心的眼泪。同学们在背后议论说:"知道吗?小强的妈妈花费巨资请了全中国最棒的制造大师为小强辅导功课,比利怎么比得过他呢?"

比利听了很难过,回家和糖果人爸爸说了这件事,希望糖果人爸爸也请来制造大师为自己辅导功课。糖果人爸爸居然没有同意,比利没有吃晚饭,他把自己关在房间里,他的心里充满了愤怒和仇恨。

这个时候,劳拉来了。看着沮丧的比利,劳拉觉得很不可思议:"为什么要为一个盒子伤心呢?"

"你不懂,这代表了荣誉。"比利说。

"可是它只是一个玻璃盒子罢了。"劳拉说。

"就是它让别人重视我,"比利说,"我喜欢这种感觉。"

"好吧,随便你。"劳拉说,"我现在要去散步了,你和我一起去吗?"

"散步有什么用,人家又不会因为你会散步而重视你。我不去。"比利倔强地摇摇头,开始努力敲打图形。他想,即使没有大师辅导,只要自己更努力,还是有机会从小强手里夺回那个漂亮的玻璃盒子的。

第七篇

> 比利没有说话,他只知道自己的脑袋里装满了老师的图形,却没有一个是自己的。比利哭了。

比利哭了

偶然的一次对话,让比利知道了劳拉的老爸帮她写作业,这简直太疯

种幸福的人

狂了。

"你爸爸怎么可以这么做？这太不道德了。"比利忍不住这样对劳拉说。

但是劳拉只是耸耸肩，呵呵一笑，然后说："比利，我们去散步吧。"

对于这样的无耻行为，比利当然拒绝。他甚至在心里想，以后再也不要和劳拉做朋友了。一个没有诚信，帮助孩子作弊的家长是培养不出好孩子的。

比利把这件事告诉了糖果人爸爸，糖果人爸爸立刻骂了劳拉的父亲，还说什么父之过的，但比利没有再听。比利太忙了，玻璃盒子像一把巨伞，撑起了比利所有的天空。那里只有数不尽的图形等着他去敲打。

谁也没有料到，期中考试的题型忽然变了。以前，总是按要求敲打图形，相似度愈高分数愈高，可是，这次考试居然要求学生自己创造一个图形。比利完全愣住了，他不知道该怎么做。时钟滴答滴答走得飞快，比利在最后的5分钟，匆忙敲了个圆形交上去。比利是了不起的，虽然仓促，但是他的圆形依然无懈可击。

谁能想到呢，比利的圆形得了全班最低分。老师伤心地看着自己的得意弟子，说："比利，这是圆形，这不是你创造的。"那些原来的差生，却凭着歪歪扭扭的蹩脚作品得到了更高的分数。

大家在短暂的惊诧之后，哈哈大笑起来。

比利不明白发生了什么，看着试卷上鲜红的3分，他的眼泪刷地下来了。

可怕的是，以后的练习和考试都改成了创造。老师向比利解释说："比利，教育局调整了教学方向，现在的重点是培养你们的能力。你不需要敲打和老师一样的图形了。"比利觉得自己的世界完了。他看着同学们嘻嘻哈哈地按自己的心思随意敲打着图形，心里难过极了。他觉得这一切都是胡闹，他不明白，怎么可以敲出和老师不一样的图形。比利想不通，他经常发呆，他甚至不能再敲打图形了。

总是让父亲帮忙敲图形的劳拉，这次成了学校成绩最棒的一个。因为，她一直都喜欢创造图形。现在，玻璃盒子属于她了。

劳拉对比利说："比利，你不要难过。现在你可以敲你想要的任何图形了,你应该高兴。"

比利没有说话,他只知道自己的脑袋里装满了老师的图形,却没有一个是自己的。

比利哭了。

第八篇

"别怕,孩子,爸爸会做糖果给你吃。"糖果人爸爸搂住比利,带他穿过疯狂的人群,比利第一次感觉到:家里好温暖!"爸爸,和你在一起真好!"比利说。

自由贸易市场

匡匡学校正在逐渐变成一个自由贸易市场。

无论是哪一次测验,无论是哪一个年级的测验,无论是哪一门学科的测验,无论是什么时候进行的测验,考试前你准能拿到标准答案,只要你愿意出钱。

价钱不是很贵,一元到七八元都有,按考试的级别划分。

负责出售试卷的是狐狸们。

"是盖盖梦见的吧?"买的人总会问一句。

"别多问,要就买,不要更别问。"狐狸们回答说。

买试卷的人很多,一方面是价钱不贵,而且货真价实,另一方面是一个好分数可以在家长那里换取无比丰厚的回报。

家长们都欢喜得要发疯了,捧着龙子凤女漂亮的试卷满世界炫耀。

"谁说我的孩子不是天才,我早就说过,不是吗?这世界上没有比他更聪明的孩子了,奇迹,奇迹终于发生了啊。"

种幸福的人

面对家长的疯狂,孩子们倒是显得很镇定。

"老爸(妈),只要你答应给我买那啥,我下次还考这么好。"

"没问题,宝贝呀,只要你学习好,老爸(妈)砸锅卖铁也让要你过得称心如意。"

老师们当然知道这好得离奇的分数的由来,也知道考试已经失去了意义,却不曾拿出一点行动来制止。在他们心里,学生成绩好当然是自己教得好,何必搬石头砸自己的脚呢?再说,说出去也没人相信啊,算了,得过且过吧。

当然,最主要的原因是,谁也不敢得罪盖盖,要是得罪了他,中考试卷拿不到手,这个责任谁来担当?再说了,试卷都做对了,老师改卷子也方便哪,真是与人方便,与己方便啊。

在这个过程中,狐狸们可是发大财了。

你想,小考天天有,大考三六九,匡匡学校大概有1800多名学生,人人买试卷,这中间也包括比利,因为有时候实在没力气准备,反正小考一元钱一份,便宜。比利不是圣人,所以难免也会禁不住诱惑。最可怕的是,漫天都是好分数,你就算考个88分,也抬不起头见人啊。别以为作弊者心虚,作弊者从来都把分数算得鬼精,到后来,你都怀疑他们是不是从来不会作弊。

狐狸们钱多得吓人,上上下下全是名牌,买个鞋子几千元都不带眨眼的。大家看得眼睛都绿了。所以,有一天,狐狸们放出声要招纳会员,每月可领取固定工资2000元整,能力出众者还有奖金可得,那前去报名的可真是踩平了门槛啊。

校方对于这一切睁一只眼闭一只眼,学校靠的不就是出成绩嘛,只要有办法,管他直的还是弯的。得罪盖盖,不是自绝财路吗?分数要紧还是人品要紧?答:分数。

要说这世界上不爱钱的人,还真是几乎没有,听说有几个学生还带着家长加入盖盖的组织成为天使会会员了。比利也想去,真的,有了每月2000元,糖果人爸爸就不用那么辛苦做糖果了。可是,比利和爸爸一说,爸爸却拒绝了。他说:"天上不会掉馅饼,恐怕不是什么好事。"比利是好孩子,他总是听爸爸的话。

真奇怪,最近迟到的人愈来愈多了,连从不迟到的可儿这一天也是第一节课过后才来。

"可儿,你生病了吗?"比利问,自从可儿加入了组织,每天放学后都要去参加什么培训,他已经好久没和她说上话了。

"我……没有。"可儿支支吾吾的。

比利想肯定有什么事情,最近迟到的人太多了,太奇怪了,更奇怪的是老师们根本不管不问。

在比利的逼问下,可儿说出了一个秘密:原来老师们都加入天使会了。

不到一个月,原来9:30之前,学生还都能到齐,现在有人半天不见人影,更有人干脆一天不见踪迹。有人去逛街,为了买最时髦的衣服;有人去网上聊天,为了驱赶空虚和寂寞;有人去玩游戏,为了寻找刺激。至于学习,反正有试卷可买,考前背背就可以了。有些人已经不把父母给出的小恩惠放在眼里,对于平时的小测试也不愿意买卷背答案了,"反正中考能考好就行。"他们说。

比利的同学们不那么可爱了,他们比吃的,比穿的,比用的,他们就好像没头的苍蝇一样嗡的飞向东边,嗡的飞向西边。因为无聊,因为精力旺盛,打架也多了起来。学校里乱糟糟的,上课传纸条,说粗话,吃东西,打情骂俏,看漫画……老师形同虚设,由于同是天使会会员,老师和学生真正的平起平坐了,又有什么理由听他们胡扯呢?

比利感觉到不对劲了。

天使会在不断膨胀,盖盖似乎有一台永不休息的印钞机,有多少人加入,就有多少钱拿出。试卷的生意也在逐渐做大,校长们得知这样的消息纷纷登门求救。教委听说这件事后,也曾想认真严肃处理,可他们的儿子女儿,或者叔伯阿姨,再就是爸爸妈妈都成了天使会会员了,教委们立时也就偃旗息鼓了。

比利决定今天回家一定要说服糖果人爸爸。

可是,当他路过街道的时候,却看见到处是疯狂的人群。他们红着眼睛,像饿狼一样嘶吼着:"快拿商品出来。"可是商店里已经没有工作人员,大家都加入天使会了。有人撬开了商场大门,更多的人涌了进去,疯

狂的抢夺开始了。

喊叫声,哭泣声,求救声,响成一片……

比利惊恐地哭了起来。幸运的是,糖果人爸爸及时找到了比利。

"别怕,孩子,爸爸会做糖果给你吃。"糖果人爸爸搂住比利,带他穿过疯狂的人群,比利第一次感觉到:虽然没有什么钱,可是家里好温暖啊!

"爸爸,和你在一起真好!"比利说。

糖果人爸爸微笑着拿出一颗珍贵的老鹰糖果递给比利。比利美滋滋地舔着甜甜的糖果,心里想:其实没钱也没关系,能够和糖果人爸爸开心地生活在一起,就很幸福了!

他吃着糖果,想起大街上那些红眼睛的有钱人,在心里说:我要做一个开心的人,像爸爸那样,能把甜蜜带给买糖果的人,是很有意义的人生!

第九篇

> 变成仓鼠的柯校长感动得眼泪哗啦啦流。他在心里暗暗发誓,将来有一天变回来了,一定要好好对这些孩子们。要爱他们,比现在多一千倍一万倍的爱!比爱自己还要爱他们。

比利的梦

办公室里早出事了。

就在大课间的时候。

副校长柯老师当时正从语文办公室经过,他亲见了一道白烟在空中盘旋,所有人好像中了迷药似的,都昏睡不醒。柯老师大声呼救,不过已经没有声音出来了,他甚至没有意识到,自己已经倒在了地上。

这道奇怪的白烟不停地膨胀膨胀,当它终于散去的时候,老师们不见了,他们变成了各种各样的小动物。豆豆老师变成了一只小灰兔,莫老师变成了一只金丝雀,李老师变成了一只胖胖的荷兰小猪。

豆豆想揉眼睛看看自己是不是眼花了,抬起的却是一只兔爪。莫老师比较淡定,她跳到桌子上,咳嗽一声,发现声带挺正常,试着说了句"大家好!"还好,莫老师身体变了,人话还是能讲的。

豆豆听到"大家好",又害怕又想笑。

莫老师继续淡定地说:"好吧,我们都变成动物了。"

李老师没这么淡定,看着自己的猪爪子,她害怕得哭了。

豆豆运动了一下自己的三瓣嘴,小声咳嗽一下,发现声带也没问题,就挪着肥胖的身子,走到办公室门口,小心地把门慢慢顶上。然后,他说:"一会儿学生来办公室,看到我们这个样子可怎么办?"

李老师平时对学生很凶,想想万一被学生知道自己变成小猪猪,不知道会遭到怎样的折磨,立刻停止哭泣,大声说:"无论怎样也不能让学生知道我们是谁。"大家纷纷表示赞同。充满权威感的老师们一下子成了柔弱可欺的小动物,天知道会发生什么,大家想想都要被吓死了。

"我们该怎么办呢?"豆豆问,因为三瓣嘴,他的声音听起来怪怪的,像是含着一颗大枣子。

"也许这是一个梦,我们等着梦醒吧。"诗人孟老师变成了一只土拨鼠,他瞪着滚圆的眼睛,看看这看看那,一副虚无缥缈的表情。

该来的还是来了!巨人一般的李逍同学站到了办公室门口,他推开门,吃惊地看到满屋子都是小动物。他东看西看,确定四围无人后,飞速将一只仓鼠塞进口袋带走了。

这只仓鼠就是副校长柯老师啊!你看他抖得跟秋风里的最后一片树叶似的,惊恐的眼神无处安放!李老师,也就是荷兰小猪猪,偷偷做了个"嘘"的手势。

其他办公室也都有这样的情况。

天哪!谁来救救这些老师!

上课铃响了,大家都安安静静地坐着等待老师来上课。5分钟过去了,各班的班干部按惯例去办公室找班主任报告情况。

可是,大家将办公室找了N个来回,除了那些不知哪里来的小动物,

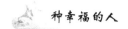
种幸福的人

一个老师也不见。

豆豆的耳朵被三班的班长拎着,在空中完成了几个翻滚后,被扔到桌子上。豆豆强忍着痛,不敢哼一声。其他老师的情况也好不到哪里去。

忽然,豆豆看见比利出现在办公室,豆豆像是看到了救星。小心翼翼,历尽千辛万苦,终于挪到了比利的裤管底下。豆豆燃烧生命,耗尽小宇宙猛地拽住比利的裤管,比利感觉腰里凉飕飕的,裤子居然被拉到要走光了。

比利吓得赶紧提起裤子,还好大家忙乱着,没人注意到他的囧态。他低下头,看见一只灰兔正诡异地朝他眨眼。比利蹲下身去,豆豆不知是激动还是害怕,眼泪扑哧哧往下掉。

"你怎么啦?小兔兔。"比利温柔地抚摸着豆豆的脑袋问。

"比利!"豆豆声音颤抖着,身子颤抖着,两只长耳朵跳起了波浪舞,"是我,我是黄豆豆,黄老师啊!"

比利蹲下身子,小心地捧起灰兔,凑近了去看。"比利!我是黄老师!"豆豆的声音里恢复了几分老师的权威。

比利吓得赶紧松开手,豆豆笨重的身子砰地掉在地上。"老……老师,怎么回事啊?"

"我们所有老师都变成小动物啦!"豆豆说,"你要想办法救我们!"

比利看看四周,猫啊狗啊,兔子小猪,麻雀黄鹂,狐狸刺猬……我的天哪!难道这些就是我们尊敬的老师?!

豆豆看着比利痴傻的模样,心里着急坏了,正待多叮咛几句,忽然身子腾空而起,原来是调皮鬼艾宥等不及也来了办公室,看见比利蹲着和一只兔子玩,就把它提溜起来。

"哇!好肥的兔子!"艾宥叫着,不由地咽口水。

"放下!快放下!"比利大叫,看着办公室里这个那个同学都开始逗小动物们玩,比利激动地跳上桌子,大叫:"都放下!"

同学们看着他,一脸不解,"干嘛?!"

比利急得直跺脚,岂料办公桌质量太差,没等他跺第二下,桌子就垮了!

大家看着比利摔倒,笑得七歪八倒。

比利心想，没办法了，靠自己一个人是不行的。他很快站起来，用狮吼功喝道："住—嘴—啦—"

大家被吓到，一时鸦雀无声。

"艾宥，去把办公室门关上！"比利说。

艾宥被比利瞬间迸发的强大气场所慑服，乖乖走去关上门。

"这些小动物，就是我们的老师！"比利哭丧着脸说，一边将豆豆捧到高处，"这个是我们黄老师！"

大家面面相觑，以为比利脑子被摔坏了。

"我说真的！"看大家不信，比利转头对豆豆说，"黄老师，不要隐瞒了，我一个人帮不了你们，你必须让大家知道真相！"

豆豆迟疑了一会，知道别无他法，终于开口道："同学们好！"

艾宥和豆豆关系最近，经常被豆豆叫去训话，所以虽然豆豆口音有一点奇怪，他还是立刻认出那就是豆豆。

"豆豆！"艾宥一时激动，居然叫豆豆小名！艾宥将一张大脸凑近豆豆，不能自已地又喊道："豆豆！"

"艾宥！"豆豆被激发出老师的权威，大喝道。艾宥一听果然是亲爱的豆豆老师，条件反射地站直了，"是。我知道错了！"

其他老师也纷纷找到自己钟爱的学生倾诉衷肠，一时间，惊叹声、哭泣声响成一片！

"别哭啦！"豆豆不愧是铁血硬汉，虽然身体藏在一只肥硕的兔子里面，虽然长了三瓣嘴，发音含糊不清，但是，他的红色兔眼睛里满是坚毅的光芒。

"听我说，"豆豆喊道，"各位班干部请立刻回到各自的教室，打开广播，安排同学收听。比利，你带莫老师去广播室。"

比利摸着脑门问："呵呵，莫老师在哪里？"

小金丝雀轻盈地飞到比利肩头，"我是莫老师。"

"莫老师，你去广播室发布一个通知，就说教育局紧急召集，所有老师都去区里开会了，让各班班干部带着同学上自习。孟老师。"豆豆说完，转向土拨鼠孟老师。

诗人老孟正在发呆，听见自己的名字，肚皮抖了两抖，"什么？"

"艾宥,你带孟老师去会议室,拿上各班通讯录,通知家长来接自己家孩子放学。就说学校有事,今天早放学。"

老孟不同意,慢条斯理地说:"我一个人哦,要打到什么时候啊?"

豆豆一听有理,就吩咐艾宥到各个办公室多找些老师一起去打电话。

"哎哟!"艾宥扭着小肥腿,"我怎么带他们去啊。"

"把老师们装在纸箱里。"豆豆指着墙边堆放的装书用的纸箱,"去班里把平安和温正叫上,帮你抬!"豆豆一个深呼吸,红眼睛从各位班干部脸上威严地扫过。"所有这些,都是一级大秘密。如果大家守住这个秘密,年终的时候,学校一定给各位各种荣誉、各种嘉奖。否则⋯⋯"豆豆的三瓣嘴忽然咧开,龇出两个大门牙,露出无比凶恶的表情。

大家纷纷表示明白、同意!各回各班,各做各事!

艾宥摇晃着肥臀回来找平安和温正。"出来!老师让你俩帮我!"

平安和温正笑嘻嘻、慢悠悠地走出教室,跟着艾宥去了。

"老师呢?"孙方子不怀好意地问。

比利适时出现在教室门口:"老师让我们收听广播。劳拉,你帮我记名字,凡是违反课堂纪律,讲话或者离开座位的你把名字写下来。"

劳拉是值得信赖的好班长。

交代完毕,比利又匆匆出去了。

过了大概5分钟,广播里终于传出莫老师的声音。

"各位同学,由于临时接到教育局的紧急通知,今天全校老师都被召集到区里开会,各班暂时由班长负责上自修。留下值班的老师正联络各位同学的家长,请同学们安静地在教室里等待家长来接!"

匡匡学校长期坚持的高要求、高标准管理在这个关键时刻终于充分发挥了效用。各班同学在班长的管理下安安静静地上自修,等待自己家长的到来。

楼梯上,平安和温正跟着艾宥去办公室。

"艾宥,老师到底让我们帮什么忙啊!"平安问,"豆豆也出去开会啦!"

"哎哟,你们祖上积德了,告诉你们吧,今天学校出大事了!"艾宥挤着小眼睛,神秘兮兮地看着两人,"有机会参与到这件大事中来的人,有好处哦。"艾宥的声音愈来愈小。平安和温正把耳朵贴过去贴过去,三个人挤作一团。

"老师们都变成小动物啦!"艾宥近乎唇语的小气息没有在空气里传播开。温正不耐烦地推开他,"有话好好说!"

艾宥把两人往厕所里拉。

"干嘛!"温正有洁癖。

"哎哟,来嘛!"艾宥扭着小短腿先进去了。

平安看看温正,两人捂住鼻子跟了进去。

"告诉你们,老师们都变成小动物了。"艾宥把声音放大一些,刚够两人听得到。

平安愣了三秒钟,"你脑子进尿了吧!"

温正好奇地看着艾宥,"你平时没啥想象力啊!"

"哎呦!"艾宥又开始扭他的小短腿,"我说真的啦。豆豆变成一只兔子啦! 不过还是很凶!"艾宥不满地晃晃肥臀,"豆豆让我来找你们两个,帮忙把老师们搬到会议室去。"

温正沉默了。艾宥这个想象力等于零的家伙是编不出这样的故事的,那么说这是真的了! 老师们都变成小动物了! 这也太有意思了吧! 简直比哈利·波特的魔法还过瘾啊!

平安推推温正,"他说的像真的哦。"

温正点点头,对艾宥说:"那还不快去!"

艾宥吃惊地看着两人,"哎哟! 你们都不觉得很奇怪哦! 你们两个太奇怪了!"

三个人恭恭敬敬把各位老师请到纸箱里,平安还很细心地用纸巾给各个老师做了隔间,赢得了众位老师尤其是女老师的赞美。到了会议室,温正小心地用美工刀划开纸箱,将各位老师请出来。

"老师们,打电话太慢,不如用家校路路通发短信吧!"

老师们纷纷点头称是,暗自羞愧自己没想到这一招!

"平安,"孟老师蹦跶到平安身边,他现在是一只土拨鼠了,"帮我拨个电话给我老婆。我想让她来带我回家。"

平安点点头,按照孟老师念的数字拨好电话,将电话拿起来放在土拨

种幸福的人

鼠耳朵边。

"啊？……哦！……嗯！……好的！……再见！……"

土拨鼠孟老师示意平安把电话放下，深吸一口气，苦笑一声，慢慢地说："她变成一只金龟子了。昆虫？等着我去救她呢！"

温正搬完老师回到教室，才三秒钟就把事情告诉了全班同学。璐璐战战兢兢地把小仓鼠从书包里取出来。这是一个爱慕她的男孩刚才给她的。"你是谁呀？"璐璐呻吟着问。

"我是柯老师，柯校长！"老柯尴尬极了。他做梦也想不到有一天自己会变成一只仓鼠。

"柯校长，真的是柯校长的声音。"孙方子大叫。

早上才被柯校长教训过的张大壮，故意将仓鼠提溜起来，嘴里说着："这是老柯！打死我也不信，是谁在恶作剧吧！"一边说，一边把藏着粉笔灰的手往老柯——仓鼠的脸上抹去。

"啊嚏！啊嚏！"老柯噼里啪啦打了无数个喷嚏，打得身子像直升机似的在空中盘旋。

"张大壮，你一回来就闯祸！你这个人，怎么这么坏呢？！"

"柯校长！柯校长！"

大家纷纷指责张大壮，一边向空中伸着手，想要托住老柯。

空中的仓鼠转啊转啊转啊，慢慢地，脑袋变成老柯的了，手长出来了，腿也出来了，老柯的样子出来了，可是他还在转啊转啊，转着转着又变成了一匹马，又变成了一只鹰，又变成了一只驴，最后终于落在了地上，老柯变成一只鸭子了。可怜的老柯经过这一番折腾，瘫倒在地上，一动也不动。

同学有的像看魔术似的不停惊叫，有的吓得瑟瑟发抖，有的哭，有的叫，有的吵闹。教室成了疯人院了！

就在大家即将崩溃的时候，比利回来了。他抱起吓得瑟瑟发抖的柯校长，轻声安慰了几句，走到讲台前。"大家别闹了！"比利使出吃奶的劲儿大喊。

同学们听到比利的喊声，呆住了。大家都朝着讲台看去。

"据我所知，"比利声音沉痛，"学校的老师都变成动物了。我们的家长也许也是如此。现在,只能靠我们自己了。大家收拾收拾都回家去吧。路上要小心,公交什么的估计都没有了。辛苦点,自己走回家吧。见到爸爸妈妈要勇敢,多安慰安慰他们。看到任何小动物记住都不要伤害它们。因为他可能就是我们的爸爸妈妈或者叔叔阿姨。"

"伤害小动物的事情只有大人才会做。"

"就是,我们都喜欢小动物。"

"放心,我们一定会好好照顾好大人们的。"

同学们纷纷表态。

变成仓鼠的柯校长感动得眼泪哗啦啦流。他在心里暗暗发誓,将来有一天变回来了,一定要好好对这些孩子们。要爱他们,比现在多一千倍一万倍的爱!比爱自己还要爱他们!

比利让艾宥他们把装着老师们的盒子抱过来,大家都认领了一个老师,要把他带回家好好照顾。比利认的是莫老师。他对莫老师说:"老师,你不要怕,我会照顾好你的,一直到你变回来为止。"其他的孩子也纷纷对老师们说了差不多的话。那些平时对孩子们很粗暴的老师都红着脸,低下了脑袋。孩子们的心是多么纯净啊!

后来的日子里,大人们渐渐习惯了自己的动物身体,他们和以前一样上班。老师们上课的时候,经常在桌子上跳来跳去,或者站到某个同学的脑袋上,金丝雀莫老师总是在教室里飞来飞去。他们上课的时候又风趣又可爱,孩子们都特别喜欢,学校里充满了欢声笑语。比利和他的同学们从此过上了幸福的日子。

……

"比利,快醒醒!"糖果人爸爸听到比利的笑声,走过去一看,这孩子,写作业写累了,居然趴在桌上睡着了。

后 记

叶圣陶先生曾说:"一个学生在学校里受教育,他的成绩好或者不好,要看他的知能(包括思想和行动,也就是整个的生活)发展到什么程度,要看他能否随时利用了学得的东西去应付实际生活,方可断言。"从这个角度出发,学习的效用至少还有一点,也是最为重要的一点,那就是:帮助每个个体学习如何从简单的生活中获得乐趣。也就是说,学习归根到底是为了让我们有能力快乐地生活。从这个角度出发的教育,在我看来,必然是一种快乐的教育。教者与学者不仅能够享受课堂中学习知识的快乐,也能够运用知识的力量使自己的生活变得快乐。

语文课堂应当是一个大课堂,语文的学习,应该分为显性知识和隐形知识两个方面。

所谓显性知识,指的是:字词句读,文字的妙用,语句的赏析,中心的解读等与考试内容直接相关的知识。

所谓隐形知识,指的是:通过语文的学习帮助学生在人际交往(学会运用语言与人进行有效愉快的沟通)、健康(侧重于心灵的健康,即通过语文教学帮助学生习得健康的、有益于身心的三观)、学业(此处学业侧重于养成学生对学习知识的持久兴趣,并且能够运用恰当的方法获得正确的知识,在充分了解自我的基础之上,充分挖掘自身潜能,以实现自我价值)、未来(生涯规划,通过循序渐进式的语文学习,学生对自我、对他人、对世界应该逐步形成由浅入深的认识,从而充分理解自己能力所在,主动规划未来)四个方面均衡发展。

一个智慧的语文老师,应当以课本为据点,通过发散式的扩展学习,由课内到课外,以"经典"为理论基础,以实践为检验标准,帮助学生在知识中发现快乐,进而发掘快乐生活的真谛,发展学生的知能。

一、温暖有爱的课堂教学

佐藤学在《静悄悄的革命》一书中这样描述日本的应试教育：迄今为止的学校教育都受着应试教育文化的支配，以高效率地学好规定的教科书内容、应付考试为目的。具体表现为：学生不需要与任何事接触，不必与任何人或物对话，单单靠坐在教室里，一味地开动脑细胞就可以了。

这样的现象，在中国似乎也普遍存在着。人们对于应试教育诟病已久，花费了很大的心思想要去除这一弊病！实际上，教育就是教育，何来应试、素质之分。如佐藤学所言，只要我们运用教师的智慧，凭借已有的课堂和教材，一样可以培养学生与物与人接触的能力，把所谓的应试教育变成温暖有爱的教育。

作为一名教师，要善于捕捉发生在课堂上的每一个细微的声音，每一个细小的动作，要善于和学生进行眼神交流、言语交流。对于某一偶发，但是十分重要的事件能够敏锐地捕捉到，并引导大家进行集体的交流与探讨。通过这种方式，还原生活的本来面目。让真善美的教育不再是空洞的说教，使其成为一个人本心本愿的选择。

比如我在讲解《背影》的时候，有个女孩忽然眼眶泛泪，抱怨自己的父亲说："我爸爸到现在还不知道我在哪一个班级。"我就此与同学们探讨了父爱的方式。小女生哭，是因为她读到了朱自清的爸爸对儿子细腻、温柔、周全、体贴的爱。相比之下，她自己的父亲似乎太不爱她了。大家对此纷纷发表了自己的看法，最后，我们一起得出了这样的结论：其实，每一个父亲都有爱自己孩子的独特方式。父爱是没法比较的。

通过探讨，小女孩释怀了，同学们也对父爱有了更深的理解。爱，不仅仅是付出关怀，更是宽容与理解。

像这样的课堂探讨，都是无法事先设定的，但当你能关注到课堂上的细节，并且能够引导学生对此深入思考时，这个过程中师生的收获都将是巨大的。每一节语文课，教师都要在把文本讲清、讲透的基础上，能够再深入一点，引导学生与隐藏在文字底下的生活现象、真实的人性进行对话；能够有意识地将文字与现实的生活联系起来，对于某一种现象进行探索和研究，使每个个体都有真实的体悟与收获。用此种方法可以提高学生的知能。

二、建立与自然的联系

古人善于向自然学习。"天行健,君子以自强不息。地势坤,君子以厚德载物""上善若水"……

国学大师钱穆在谈及中等教育时,亦竭力主张中学生走进大自然,以自然为师。他认为中学生应当自操场进至于田野,自田野益进至于山林,常使与自然界外之活动,与清新空气接触。因为自然启示之伟大,其为效较之书本言说,什百倍蓰,未可衡量!

然而,现在的中学生与大自然实在是愈行愈远。客观上,繁重的学业占用了他们大部分的时间,剩余的少量时间又被电视、电话、电脑瓜分。主观上,由于缺少浸淫其中的经历,生活在城市中的孩子已经很少能够与自然保持联系,偶然的一次邂逅,已经无法唤醒他们沉睡的心灵。早在十几年前,三毛就写过散文《塑料儿童》,为孩子们热衷于电视、电话、电脑而忽略美好的大自然担忧。就在一年前,当我教读巴金的《繁星》时,就遇到了整个班只有3位同学看见过星星的尴尬局面。这种情况导致学生对文字的解读流于表面,过分肤浅。记得学习欧阳修《醉翁亭记》时,对于其中的春夏秋冬四句写景佳句,居然有许多学生就是无法分清季节!哀哉!

不过,语文老师还是可以利用学科的优势,帮助学生了解自然,体味自然之美,进而爱上自然。课本中有许多名家名篇可供选择。比如陶渊明,这个在最冷酷的现实生活中过着最诗意生活的晋朝男人,一生写下了无数美丽的诗篇,而这些文字的主角永远只有一个——大自然。比如苏轼,在经历"乌台诗案"后,却从大自然中获得了巨大的慰藉,写下了"江山风月,本无常主,闲者便是主人"的千古名句。比如萧红,用曼妙随性的文字,将祖父的后花园写成生命的大乐园……大自然的魅力是如此之巨大,以至于物质上的贫瘠完全因为精神的愉悦与满足被忽略了。

这种对自然的尊重与爱惜,从自然中收获巨大的精神财富的思想与行为,是值得我们每一个人学习的。一个真正热爱自然的人,才能够真正意识到环保的重要性。学生对于一个国家来说是至关重要的,教给他们以一颗虔诚的心向自然学习生存之道、相处之法,对于世界的未来而言,至关重要。如今,我们不仅应该在教与学的过程中,与学生一起努力建立与自然相爱的联系,更要带着学生走进自然,亲近自然。

三、培养出具有独立人格的人

教师要讲真话,也要鼓励学生讲真话。不能为了所谓的美,大家都讲起假话来。陈寅恪为王国维写的碑铭,名扬天下:"士之读书治学,盖将以脱心志于俗谛之桎梏,真理固得以发扬。思想而不自由,毋宁死耳!"

讲真话很重要!

然而,很多时候,我们的教育,尤其是语文教育,就像一个溺爱孩子的长辈,总是希望告诉孩子们世界是光明的,人性是美好的。我们总是习惯将黑暗和残缺藏起来,还自我辩解道:"孩子们还小,等他们大一点再告诉他们真相好了。"但是,人不是睡觉醒来就忽然长大的。认知是需要一个过程的,在这个资讯发达的年代里,其实我们已经藏不住真相。故意的遮掩,只能让孩子们觉察到教育的虚伪。觉醒后的孩子必然会提出质疑,如果为了守住教师的权威,以限其自由、令其惧怕、伤其体肤、挫其自信的手段令孩子听话,那么,被教育出来的孩子要么丧失思考的能力,要么习惯于用谎言面对生活!

季羡林在《幽径悲剧》中提出了愚氓灭美的可怕力量。而要避免这样的悲剧重演,我们的教育就必须坚持说真话,坚持真理!只有这样,才能培养出具有独立人格的人,才能培养出真正有文化、有思想的人,才能培养出能辨别是非、善恶、美丑的人,才能培养出能独自站起来,不跟着社会"疯"气走的人。

《快乐教学》的作者艾丽斯和保拉在书中写道:学校,可以是所有孩子的天堂。对此,我深信不疑!作为一名智慧的老师,能在发现问题的时候,因势而导,唤醒学生内在的正能量,使其享受真正的快乐!一名合格的教师,完全有能力带领学生发现自然之壮美。一名普通教师,只要能够坚持说真话,讲真理,就一定能够为我们的学校带来更多自由清新的空气,使学生得以身心舒展。

图书在版编目(CIP)数据

种幸福的人:教孩子做最好的自己/钱梨著. —苏州:苏州大学出版社,2014.1(2016.11重印)
(像叶圣陶那样做老师系列)
ISBN 978-7-5672-0737-0

Ⅰ.①种… Ⅱ.①钱… Ⅲ.①中学教育-文集 Ⅳ.①C63-53

中国版本图书馆 CIP 数据核字(2014)第 012577 号

书　名	种幸福的人——教孩子做最好的自己
著　者	钱　梨
责任编辑	史创新
装帧设计	刘　俊
出版发行	苏州大学出版社
社　址	苏州市十梓街1号　邮编:215006
印　刷	虎彩印艺股份有限公司印装
开　本	700mm×1000mm　1/16　印张:13.5　字数:201千
版　次	2014年1月第1版
印　次	2016年11月第3次印刷
书　号	ISBN 978-7-5672-0737-0
定　价	28.00元

苏州大学版图书若有印装错误,本社负责调换
苏州大学出版社营销部　电话:0512-65225020
苏州大学出版社网址　http://www.sudapress.com